GUÉRIR L'ESPRIT

« Espaces libres »

LAMA DENYS TEUNDROUP
JEAN-YVES LELOUP
FAOUZI SKALI

GUÉRIR L'ESPRIT

Le colloque de Bodhgaya

Propos recueillis par Philippe Derckel

Albin Michel

Albin Michel
▪ *Spiritualités* ▪

Collection « Espaces libres »
dirigée par Jean Mouttapa et Marc de Smedt

Première édition :
Question de, 2001
Édition au format de poche :

« Vous pouvez vous convertir d'un dogme à un autre, d'une croyance à une autre, vous ne pouvez pas vous convertir à la connaissance de la réalité. »

KRISHNAMURTI

Sommaire

II. Dialogues en chemin

Avant-propos

PHILIPPE DERCKEL

En février 1998, un pèlerinage inter-traditions s'est tenu en Inde, à Bodhgaya, lieu d'Eveil du Bouddha.

Proposer un partage intime du vécu, du ressenti, offrir à chacun la rencontre avec les précieux enseignements qui furent dispensés tout au long de cette semaine d'échange et de communion, tel est l'élan qui m'a encouragé à me mettre à l'ouvrage.

Le projet de ce pèlerinage est né de la rencontre entre Faouzi Skali, docteur en ethnologie et sciences des religions, professeur à l'université de Fès et membre d'une confrérie soufie, Jean-Yves Leloup, prêtre chrétien orthodoxe, fondateur du Collège international des thérapeutes, et Lama Denys Teundroup, directeur spirituel de l'Institut Karma Ling, investi par Kyabdjé Kalou Rinpotché pour transmettre le bouddhisme Vajrayana.

Une première rencontre avait eu lieu en 1997, en terre d'islam, dans le désert tunisien.

Cette deuxième rencontre, selon le souhait des

participants eux-mêmes, prit la forme d'un pèlerinage, voyage sacré au cœur de la tradition.

Un groupe d'une soixantaine de personnes s'est formé autour de Jean-Yves Leloup, Faouzi Skali et Lama Denys Teundroup, soixante pèlerins qui se sont avancés sur les traces du Bouddha afin de retrouver la profondeur des valeurs distillées dans la diversité des traditions originelles menant à l'unité. Soixante pèlerins de confessions différentes, en quête de sens, en recherche de savoir et de connaissances, avides d'ouverture afin de mieux se comprendre et aimer l'autre.

La rencontre de l'Inde, plus particulièrement celle de Bodhgaya, est vécue non pas comme un dépaysement au sens touristique du mot mais ainsi qu'une immersion, une complète disparition de tous repères habituels.

Les textes des enseignements sont fidèlement transcrits, dans une adaptation qu'impose l'écriture, tout en préservant la spontanéité du langage parlé.

Introduction

Au cœur du cœur, le sens du pèlerinage

La rue s'élève lentement, bruissante et bruyante, s'entourant d'échoppes et de boutiques, côtoyant vélos, motos, rickshaws, longée d'un mur circulant autour du périmètre vénéré. Puis elle s'incline lentement après avoir salué le Grand Stoupa, point d'orgue de la musique des cœurs silencieux. L'entrée ouverte de ses grilles laisse l'assaut des mendiants et camelots étourdir quelques instants celui qui s'avance vers le sanctuaire : « Money... money... money... post-cards... leaves of the Tree... feet of Bouddha... »

Marchands du Temple autorisés jusqu'à la limite sacrée. Puis, quelques roupies protègent les chaussures de la dérobade... la terre incrustée de Présence se foule sans obstacle, le corps se préparant à la rencontre. Un triple parcours concentrique initie le pèlerin en une lente marche silencieuse, le temps s'accordant un espace de méditation en s'approchant de l'Arbre de l'Eveil. Au pied de l'Arbre, les cœurs s'ouvrent en pétales d'encens qui s'élance vers tous les lieux que nous savons baigner d'un regard sacré. Immersion dans la tradition de l'au-

tre, source de compréhension et de connaissance venant enrichir les autres chemins.

Chrétiens, musulmans, bouddhistes, israélites, gnostiques, védantistes, pèlerins silencieux s'inclinant et se nourrissant à la source des Quatre Nobles Vérités. Sous les branches de l'Arbre Sacré s'accomplit le pèlerinage intérieur dont l'ombre bienfaisante accueille la lumière conduisant à la paix.

LAMA DENYS TEUNDROUP : Il est bon et important que des représentants de différentes traditions puissent se réunir et partager au cœur du lieu considéré comme le plus sacré dans chacune de leurs traditions. Un tel pèlerinage consiste, à tour de rôle, à accueillir l'autre à la maison, au cœur de sa tradition, dans son chez-soi intime. C'est pour ceux qui ont un autre rattachement l'occasion exceptionnelle de goûter la saveur d'une tradition frère en étant son hôte *at home*, en famille, au foyer, à ses origines.

Le principe de ces rencontres inter-traditions fut élaboré à l'origine en 1997 par Faouzi Skali, Jean-Yves Leloup et moi, dans le désert du Grand Erg Oriental au sud de la Tunisie où eut lieu une rencontre en terre d'islam. Nous projetons d'aller ensuite à Jérusalem, lieu sacré pour les chrétiens, les musulmans et les juifs.

Un pèlerinage inter-traditions est une forme de rencontre et d'échange qui a été proposée par Sa Sainteté le Dalaï-lama comme un des moyens du dialogue inter-traditions. Par exemple, dans son livre

Le Dalaï-Lama parle de Jésus qui relate ses discussions avec des moines chrétiens, il exprime à ses amis chrétiens l'importance qu'il attache à la communication inter-traditions et comment il voit celle-ci s'articuler autour de quatre grands axes :

– l'organisation de rencontres au sommet des représentants des traditions ;

– la mise en place de rencontres entre pratiquants, entre communautés afin que se développe une véritable et sincère fraternisation à la base ;

– la réalisation d'études approfondies entre hommes et femmes d'expérience ;

– la pratique de pèlerinages inter-traditions aux lieux sacrés.

Nous sommes ici à Bodhgaya. Dans la tradition du Bouddha, il y a quatre principaux lieux sacrés de pèlerinages qui correspondent aux quatre principales étapes de la vie du Bouddha : sa naissance à Lumbini, son éveil à Bodhgaya, son enseignement des Quatre Nobles Réalités à Sarnath et enfin son départ en Parinirvâna à Kouchinagara. Le plus important de ces lieux sacrés est Bodhgaya ou Vajrasana, le siège adamantin ou « trône Vajra », comme le nomme la tradition. C'est le lieu du milieu, le centre du monde. Le centre du monde est toujours au milieu du cœur de l'éveillé. Mais Bodhgaya-Vajrasana est particulièrement au milieu, conjuguant géographie, symbole et réalité spirituelle. C'est là que tous les Bouddhas se sont éveillés et où tous les Bouddhas de l'avenir s'éveilleront. C'est ici que le Bouddha Shakyamouni s'éveilla, devenant l'Eveillé.

Pendant les deux millénaires qui virent le Dharma fleurir en Inde, Bodhgaya fut un centre spirituel extrêmement actif où monastères et temples étaient fort nombreux ; c'était l'épicentre du rayonnement de la tradition sur le continent. Puis, vers le XIIe siècle, les invasions barbares portèrent un coup fatal au Dharma et celui-ci se réfugia entre autres sur les hauteurs himalayennes.

Marpa le Traducteur qui amena l'enseignement du Bouddha au Tibet où il établit la lignée Kagyupa vint ici à Bodhgaya, il y a huit cents ans. C'est de sa tradition que nous sommes un héritier et c'est elle qui anime ce lieu, le Karma Temple, qui nous offre son hospitalité.

Actuellement il y a un renouveau du Dharma en Inde et à Bodhgaya en particulier. Tous les pays bouddhistes y ont leur temple, c'est un lieu très cosmopolite où toutes les traditions de l'enseignement du Bouddha se côtoient en excellente harmonie.

Aux alentours de Bodhgaya, c'est l'Inde profonde avec sa pauvreté. Le Bihar, la province où se situe Bodhgaya, est la région la plus peuplée de l'Inde, c'est aussi celle où règne la plus grande misère. Dans le passé, le Bihar était l'Etat du Magada, littéralement l'Etat du Centre, très prospère à l'époque du Bouddha et ultérieurement. A différentes époques, le Bihar fut le centre de la civilisation indienne, en particulier durant l'empire d'Ashoka et après.

Récemment il y eut en Inde le colonialisme et la domination étrangère avec toutes les misères et les problèmes économiques qu'elle a apportés et qui sont loin d'être terminés...

Aujourd'hui, des initiatives de la part de nombre de monastères et institutions bouddhistes permettent la construction d'écoles et de dispensaires. Il y a de nombreuses œuvres sociales bouddhistes autour de Bodhgaya, malheureusement elles ne sont pas très riches et leur action, bien qu'importante, est complètement insuffisante en regard des énormes besoins.

Ainsi nous sommes partis en pèlerinage, dans un voyage sacré, un parcours vers un lieu sacré qui représente, extérieurement, le sacré intérieur et fondamental. Le pèlerinage est essentiellement un voyage vers chez soi, son chez-soi, en-soi fondamental qui est notre nature éveillée. Le cheminement extérieur est un symbole du parcours spirituel et c'est en même temps une façon d'y faire participer tout notre être, corps, parole, esprit. C'est une pratique qui, dans le parcours extérieur, fait accomplir le parcours intérieur. Un pèlerinage complet comprend des méditations, des exercices spirituels. Il a des stations qui sont des étapes du parcours avec des recueillements et des pratiques spécifiques accomplies à chacune d'elles. C'est aussi un périple avec ses dangers, ses embûches, le pèlerinage est une forme de voyage initiatique.

Ce que nous allons vivre est une sorte de pèlerinage, mi-pèlerins mi-touristes pour la plupart, mais c'est néanmoins une manière d'entrer dans une terre sacrée qui porte l'empreinte vivante de deux millénaires et demi de consécration spirituelle et d'histoire, qui est chargée de la présence silencieuse du Bouddha, de son souvenir et de son exemple. Nous allons entrer dans l'espace délimité par l'enceinte sacrée.

Durant nos pérégrinations dans cette enceinte sacrée, il est possible de circumambuler en silence, dans le sens de la voûte céleste, le sens solaire, celui des aiguilles d'une montre. Il suffit d'ouvrir notre cœur et notre esprit, d'être présent et ouvert, réceptif, sans a-priori ni résistance, disponible, et de respirer avec le lieu, de communier avec sa présence. Il est dépositaire d'une immense influence spirituelle, chargé de la présence de tous les éveillés qui y ont vécu et enseigné. Nous pouvons rencontrer ce lieu et sa présence très simplement, le plus simplement possible, dans la pleine expérience de son milieu, de son atmosphère. Nous pouvons nous y poser, nous y déposer, nous y abandonner et nous y laisser être dans l'inspiration et l'expiration de l'instant, immobiles et silencieux...

Au centre de l'enceinte sacrée, à côté du Grand Stoupa, se dresse l'Arbre de la Bodhi, l'Arbre de l'Eveil sous lequel s'éveilla le Bouddha Shakyamouni. Son siège, le trône adamantin de l'éveil, est à son pied. Pendant des siècles, il n'y eut pas de représentation physique du Bouddha ; seuls des symboles suggéraient sa présence et son enseignement : l'Arbre de l'Eveil, la Roue du Dharma, le

Stoupa, l'empreinte de pieds, le siège vide au pied de l'Arbre sacré, l'Arbre de vie.

Ensuite la tradition bouddhiste connut le développement de l'iconographie au temps d'Ashoka avec l'art du Gandhara « hellénistico-bouddhiste » issu de la rencontre du Dharma et de l'empire d'Alexandre le Grand. Cette rencontre eut lieu principalement dans la région du Gandhara qui correspond approximativement à l'Afghanistan et au Pakistan modernes.

A la suite d'Alexandre se développa l'empire d'Ashoka qui contribua grandement au rayonnement du Dharma et à sa diffusion. C'est de cette rencontre entre influences indiennes et hellénistiques que sont nées les représentations du Bouddha dans un style qui rappelle la statuaire grecque.

L'iconographie actuelle répond à des canons stricts et précis dans lesquels la représentation physique formelle du Bouddha est le symbole de qualités universelles au-delà des formes. Dans la posture la plus classique, la main droite du Bouddha touche la terre-mère, la prenant à témoin de son éveil, c'est un symbole de la santé primordiale.

De plus nous avons pour ce deuxième pèlerinage un thème central qui est la « thérapie sacrée ». C'est en fait le premier enseignement que le Bouddha donna à Sarnath près de Bénarès. Cet enseignement est connu comme celui des Quatre Nobles Réalités qui sont la réalité de la maladie dans ses symptômes douloureux, la réalité qui porte sur le diagnostic de l'origine de la maladie, la réalité de la santé et d'une guérison possible et finalement la réalité de la thérapie qui conduit à la guérison et à la santé fondamentale. Nous reviendrons d'une manière plus détaillée sur cette notion de thérapie sacrée mais notez que la perspective générale de la tradition du Bouddha est médicale ou thérapeutique, il s'agit de guérir de l'illusion et de ses passions.

FAOUZI SKALI : Lors de l'élaboration de ces rencontres, une notion centrale s'est rapidement dégagée : l'illumination, sa signification dans chacune des traditions.

Le fait d'aller ensemble dans le berceau de chacune d'elles pourrait amener ceux qui y participent à entrer dans un contact encore plus profond, à se rendre compte, d'une manière plus concrète, du rapport qui existe entre les traditions. L'illumination dont il s'agit est en fait l'anéantissement du Soi.

Dans l'islam et dans le soufisme demeure une crainte de l'idolâtrie, une peur de la forme, de la représentation, de la statue qui nous éloignerait de la notion d'Absolu. La forme n'est là que pour parler de ce qui est sans forme, de ce qui demeure inexprimable. C'est le but même du bouddhisme.

Fana, dans le soufisme, signifie l'anéantissement, l'annihilation de toutes les formes, la disparition de toutes les illusions. Seul Celui qui est subsiste.

La phonétique des mots permet parfois de faire des rapprochements étymologiques sans doute légers ; je cite volontiers cet exemple qui sonne bien : *Nirvâna* aurait la même étymologie que *Nur el-fana*, qui se traduit par « Lumière de l'Anéantissement ».

L.D.T. : Dans la tradition du Dharma, l'étymologie de nirvâna est l'extinction, au sens précis de l'annihilation de l'illusion. Le nirvâna est l'extinction de l'énergie sustentatrice des expériences illusoires. Une célèbre image traditionnelle prend la métaphore d'une lampe à huile dont la mèche s'éteint lorsque l'huile s'est épuisée. Lorsque le carburant des illusions s'est épuisé, la flamme de l'individualité, de l'ego s'éteint. Cette extinction est celle de l'illusion, c'est le dévoilement révélant la Claire Lumière fondamentale et primordiale, la Claire Lumière de l'Eveil que nous pourrions nommer Lumière de l'anéantissement de l'individualité et de ses illusions.

F.S. : Alors, dans cet anéantissement, on n'existe plus par soi-même, on subsiste par la Présence Divine, toute chose n'existe plus par elle-même, elle n'existe que par le sens divin qui donne un sens à tout et à l'illusion elle-même. Tout devient sens. Nous sommes là dans le Cœur des Cœurs, dans cette réalité des réalités que l'on retrouve dans le bouddhisme et l'islam.

I

TROIS SOUFFLES EN RÉSONANCE

1.

La thérapie primordiale, thérapie du cœur, dans la perspective du soufisme

FAOUZI SKALI

Le cœur est symbolisé par le miroir et la thérapie du cœur consiste à polir ce miroir, à le rendre réfléchissant, autrement dit à dissiper les voiles.

Il y a entre l'être individuel et l'être divin soixante-dix mille voiles d'obscurité et de lumière. Ceux qui nous séparent de cette source sont bien sûr les voiles de l'obscurité, mais également les formes d'illumination, de réalisation qui deviennent voiles dans la mesure où l'on s'y arrête, où l'on s'y installe. Ces formes d'illumination deviennent d'ailleurs d'autant plus efficaces que c'est un voile auquel on s'attache ; il est plus facile de vouloir se détacher des voiles de l'obscurité que de ceux de la lumière.

Il faut polir le miroir de son cœur afin que s'y reflètent les rayons de la lumière divine. En réalité, toutes les ouvertures, à quelque degré que ce soit, toutes les éclaircies, tous ces moments de grâce sont quelques filtres de ces rayons à l'intérieur du cœur. Cela est d'autant plus vrai que ce rapport-là exprime le fait que nous soyons entièrement réceptifs, que nous soyons entièrement serviteurs de cette lumière, que cette lumière rejaillisse en nous sans nous appartenir en propre. Même les vertus, même les qualités qui peuvent être les nôtres en réalité sont une expression de cette lumière ou de cette lumière qui s'est faite expression en nous. Et si nous ne les percevons pas comme telles, ces qualités elles-mêmes deviennent des voiles donc des infirmités. C'est cela aussi un sens du détachement dont parlent les mystiques.

Cela, comme l'humilité, annihile l'ego lui-même ; l'ego est l'attente permanente, la comptabilité permanente, l'affirmation permanente.

L'amour nous apprend aussi l'humilité et l'humilité nous prédispose à l'amour. C'est cela le Service d'Amour dont parlaient les troubadours, c'est cela sa signification ésotérique, spirituelle, profonde.

Le service d'amour n'est pas seulement, comme on peut l'imaginer, une sorte de voie sentimentale, émotionnelle ; l'amour est le langage de ce qui est sans langage, l'expression du divin, l'ivresse de la transformation, la compréhension par le cœur, une compréhension profonde, un mystère profond.

« Je suis entré en retraite avec mon aimée, dit un poète soufi, et il y a entre nous un secret plus fin que la brise quand elle passe. » Un secret qui est en réalité celui de l'inexprimable. Cet amour-là est un amour purificateur, qui anéantit nos infirmités, une thérapie royale, la plus grande des thérapies. Non pas une thérapie où l'on essaye de comprendre, d'analyser, mais une thérapie qui transforme.

Le feu de l'amour nous pénètre et nous métamorphose, transformant notre regard, notre compréhension ; lorsque le feu de l'amour divin entre dans le cœur, il brûle tout, il consume tout. « Ceux qui aiment, disent les soufis, volent ; ceux qui vont par d'autres voies marchent. » C'est un appel à aller au-delà de soi-même, au-delà de ses limites. C'est cela, la véritable thérapie, et le problème est d'être enfermé dans des limites, dans les conditionnements qui sont les nôtres.

Comment vaincre ces enfermements, ces mécanismes, ces conditionnements psychiques qui empêchent ce flot de l'amour de s'épandre ? Il est dit dans le soufisme : « S'il te fallait effacer un à un tous tes défauts avant d'arriver à Dieu, mille vies ne te suffiraient pas. »

En réalité, Dieu n'attend pas de nous que nous soyons parfaits avant d'arriver à sa porte. Il attend de nous que tout cela amène à nous transformer, à nous mettre dans une certaine disposition ; au moment où l'on s'y attend le moins, au moment où tout se ferme et que seule la porte de la divinité demeure un refuge, c'est alors que se produit l'illumination.

Le détachement, c'est de ne pas s'approprier les choses, c'est aussi savoir faire remonter les choses à leur véritable origine, à leur véritable source, simplement avoir un regard plus vrai, plus réel sur les choses et leurs origines. Donc, finalement, tout dépend de cette réalité des choses ; les qualités en elles-mêmes peuvent signifier une chose et son contraire.

« Peut-être, dit un soufi, qu'en te donnant Il te prive et peut-être qu'en te privant, Il te donne. »

La sensation, la conscience d'un manque de lumière peut devenir une façon profonde et subtile d'être en relation avec cette source, dans une attente, dans une soif, dans une vérité d'état. La vanité, la sensation d'être, d'avoir et la présomption peuvent devenir une source de séparation.

C'est pour cette raison que l'une des vertus essentielles dans ce cheminement est la vertu d'humilité. Personne ne peut dire « je suis humble » car c'est dire le contraire. C'est la seule vertu que l'on ne puisse revendiquer, c'est l'une des vertus les plus primordiales parce qu'elle nous ramène à cette relation vraie, celle où les choses ne nous appartiennent pas, où nous sommes simplement la possibilité d'exposer ce miroir au rayonnement divin.

Nous sommes l'âme humaine et cet œil par lequel le divin peut se contempler lui-même, dans la mesure où cet œil se fait de plus en plus transparent, dans la mesure où le voile de l'ego se dissipe pour, comme le disent les soufis, laisser l'Un retrouver l'Un afin que se réalise cette union mystique, anéantissement de l'être individuel dans l'être divin. C'est le thème de toute la poésie soufie que l'on retrouve aussi dans le Cantique des Cantiques.

Cette recherche de l'être aimé, cette nostalgie habite au plus profond de l'homme, mystère de l'amour lorsqu'il nous fait remonter à son origine première. Parce que l'amour, comme les vertus, peut être quelque chose que l'on s'attribue, que l'on s'approprie, que l'on distribue, mais lorsqu'on remonte au cœur, à la source de cette énergie, à la source de ce vin spirituel, comme disent les soufis, on se rend compte que c'est le mystère de l'être, le mystère même du soi, le mystère de cette union. C'est pour cela que même s'il existe plusieurs voies possibles, dès le départ l'amour est la voie royale qui nous enseigne, qui nous dit comment se comporter avec l'Etre divin, qui nous enseigne non pas à attendre mais à donner, à donner sans rien attendre en retour.

Tant que l'ego dispose de ruses, certain d'y arriver d'une façon ou d'une autre, tant que l'ego ne s'est pas rendu au divin, on est toujours dans une certaine disposition.

Par ce travail, Dieu nous amène à nous rendre compte qu'il faut avoir cette demande d'aller vers Lui, qu'il faut Le demander de tout notre être, ne pas préférer le connu à l'inconnu, ne pas préférer encore les ruses de notre ego à la confiance dans le divin. Il faut aller chercher la clé là où elle est. Cela me rappelle cette histoire de Nasrudin.

Nasrudin cherche une clé près d'un lampadaire et quelqu'un lui dit : « Nasrudin, tu as perdu ta clé là-bas, là où il fait noir, pourquoi la cherches-tu ici près du lampadaire ? » Nasrudin répond : « Ici, il y a de la lumière ! »

Il faut arriver à ce moment où l'on sait que la seule porte véritable, la seule réalité, est la réalité divine, lorsque non pas simplement le penser mais la situation de notre être, les conditions de notre être font que quelqu'un en nous l'exprime totalement : c'est la libération, l'illumination qui se produit de façon inattendue car c'est une grâce qui est non pas comme quelque chose que l'on a obtenu, mais une grâce qui est la liberté fondamentale, et donc il faut se rendre compte que l'on ne vient pas vers l'Etre en essayant d'accumuler ou d'obtenir quelque chose, mais en étant comme des mendiants, des pauvres en esprit car il n'est pas entre les mains du mendiant de savoir s'il va recevoir ou non. Il est fondamental d'avoir cette forme d'esprit. Celui qui vient en tant que riche, se suffisant à lui-même, celui-là ne peut pas recevoir.

Le vrai sens de la prière est de prier, ne sachant pas si l'on va recevoir ou non ; cet état d'esprit provoque le véritable détachement et fait que quelque chose peut alors vraiment se produire.

La libération est-elle garantie ? Le fait même de mettre en avant cette idée de garantie nous amène à avoir un comportement qui relève de l'impolitesse. Si vous dites au portier : « Excusez-moi... je rentre dans ce système, on m'a dit que c'était garanti, j'ai mon adhésion dans la poche... », il aura envie de vous répondre : « Revenez un peu plus tard... »

Il y a une relation de politesse spirituelle, comme dans l'amour spirituel : on ne vient pas vers Dieu avec cette prétention-là, on s'avance vers Dieu avec humilité. C'est métaphysique et spirituel, n'est-ce pas ? Ce n'est pas une question de savoir ce qui est garanti, de savoir ce qui n'est pas garanti ; dans le comportement de celui qui pratique et se dit qu'il va recevoir telle ou telle « quantité » de lumière, il y a quelque chose de faux.

FAOUZI SKALI : On raconte l'histoire d'un homme qui est devenu un saint et qui pendant toute une partie de sa vie s'était enfermé avec d'autres pratiquants pour méditer et prier. A la fin de chaque journée, ils se tournaient les uns vers les autres en disant : « Alors, est-ce qu'il se passe quelque chose, est-ce que ça va ? »

Pendant plusieurs années ils sont tous restés à attendre le premier qui aurait l'illumination pour qu'il puisse pistonner les autres... jusqu'au moment où un voyageur est passé par là. Avant de partir, ce voyageur leur dit : « Vous ne pourrez avoir l'illumination qu'à partir du moment où vous ne l'attendrez plus. » Ce furent là ses seules paroles. Le voyageur était un maître spirituel ; sa parole est entrée dans le cœur de cet homme qui a compris son erreur et est alors parti suivre l'enseignement d'un maître spirituel.

QUESTION : *La crainte pourrait-elle se traduire par un frémissement qui serait une prise de conscience de l'existence d'une distance entre une quasi-nullité et ce que l'on appelle la Claire Lumière ou bien Dieu, selon les contextes ?*

F.S. : Je crois que là aussi il faut comprendre les choses dans leur signification profonde, c'est-à-dire dans leur origine spirituelle et non pas dans leurs aspects exotériques habituels ou chargés de pathos humain. Lorsque l'on parle de crainte, on imagine le père fouettard, peut-être même les relations que l'on a eues avec un père ou une mère autoritaire ; on se place alors au niveau psychologique et non pas dans une perspective spirituelle.

Il est toujours très important de préciser les plans sur lesquels on se situe : Dieu n'est pas une personne telle qu'on la conçoit. Dieu, c'est l'Etre, au-delà de ce que l'on peut imaginer, décrire ou penser... La crainte est un état. Frémir c'est réagir. On est parfois dans des états où l'on a conscience de cette grandeur. Imaginons que l'on soit dans une expérience quelconque, à titre analogique, projeté dans la conscience de la grandeur de l'univers, du matériel, de tous ces espaces intersidéraux. Parfois, dans le désert se produit un état où l'on prend conscience de cette grandeur. La crainte, le frémissement ont alors quelque chose à voir avec cette grandeur et d'ailleurs, d'une façon générale, cela se situe entre ce que l'on pourrait appeler, par rapport au divin, à la fois l'aspect de la beauté et de la compassion, et par ailleurs l'aspect de la majesté et de la rigueur.

La rigueur est dans le monde, dans les lois qui régissent l'univers, dans les cycles biologiques et cosmologiques qui gouvernent notre vie.

Prenons l'exemple d'une fleur qui nous livre sa beauté lorsqu'on la regarde, mais en même temps, à l'intérieur de cette fleur il y a un ensemble de rigueurs : relations des cellules entre elles, relations extrêmement fines, précises, que nous tentons de détecter à travers la science. Dans le cas de la fleur, on se rend compte que beauté et rigueur sont inséparables. C'est aussi à cause de cette rigueur cachée qu'il y a cette beauté manifeste. On ne voit pas la rigueur mais elle est là, à tous les niveaux et c'est pour cela que se manifeste la beauté. Quand on regarde une fleur on ne pense pas aux cellules, à la sève, à la photosynthèse, toutes choses très complexes, mais pourtant tout est là, dans cette fleur, dans cette beauté. A différents degrés, du plus petit au plus grand, il y a manifestation de la majesté divine, de la rigueur divine – lois et ordre –, de la justice divine.

La réalité d'un cheminement spirituel se situe dans la majesté, dans la beauté, entre la manifestation de la majesté et celle de la beauté. Dans le Coran on cite quatre-vingt-dix-neuf noms de Dieu, que l'on peut classer en noms de Majesté et en noms de Beauté.

La majesté s'exprime par « le Tout-Puissant, l'Omniscient, l'Infini ». La beauté se dit par « le Tout-Miséricordieux, la Présence Subtile, celui qui est plus proche de nous que notre propre veine jugulaire... ».

Cette double dimension se retrouve dans la transcendance et dans l'immanence ; on discute parfois à l'infini pour savoir si l'on doit être transcendant ou immanent ; la réponse est : les deux à la fois. Dans la perplexité naît la transcendance ou l'immanence et c'est aussi dans cette perplexité que le Chemin se fait.

Il y a, à ce sujet, une histoire assez amusante et édifiante dans sa signification qui est celle de Abou Yazid el-Bistami, un saint soufi qui nous indique bien ce rapport existant à la fois entre miséricorde et justice, entre grâce et action. On a toujours tendance à vouloir choisir l'une ou l'autre : faut-il être dans l'action et attendre tout de l'action ou être dans la grâce et ne rien faire du tout ? En réalité, à tous les niveaux, on voit ce double aspect parce que les attributs divins sont ce qui est acte dans la vie.

C'est le tissu profond, la trame secrète.

Donc Abou Yazid el-Bistami dialoguait intimement avec Dieu et Dieu lui dit, alors qu'il était considéré comme un grand saint, un maître très respecté, très entouré et très servi : « Si je révèle ton état aux hommes, ils s'enfuiront de toi. »

Abou Yazid el-Bistami dit à Dieu : « Si je révèle Ta compassion aux hommes ils vont s'enfuir de Toi aussi. Dieu est tellement miséricordieux... ce n'est pas la peine de prier... de faire quoi que ce soit... Il est tellement miséricordieux que tout va s'arranger... »

Alors Dieu dit : « Ecoute, tu ne dis rien... je ne dis rien... »

C'est un secret qu'il ne faut pas dire parce que si l'on dit que tout est compassion, on ne fait plus rien ; si l'on dit que tout est rigueur, on est terrifié et cela ne va pas non plus. Il y a un chemin à trouver entre crainte et compassion, ceci est fondamental.

QUESTION : *Dans la tradition soufie, le chemin passe-t-il forcément par la rencontre avec un maître, ou bien y a-t-il eu des chemins solitaires ?*

F.S. : Les deux sont vrais. Dans le soufisme, le chemin le plus normal, le plus commun est celui qui se vit lorsqu'il y a rencontre avec une voie spirituelle ; la rencontre physique avec un maître n'étant pas indispensable. Une voie spirituelle est un enseignement vivant avec plusieurs médiations possibles. Il existe un influx spirituel ; ceci est la caractéristique d'une voie vivante, c'est-à-dire une grâce particulière qui passe au travers des pratiques.

Pour qu'une voie soit vivante, il faut qu'elle ait une source vivante, c'est-à-dire un être spirituel réalisé vivant. C'est la signification de la chaîne de transmission. L'être réalisé fait ainsi le lien entre le ciel et la terre en communiquant un influx particulier qu'on appelle, dans la tradition soufie, le secret spirituel qui est une influence spirituelle particulière. Lorsqu'on pratique, cette influence spirituelle se fait sentir, elle passe. L'enseignement est au-delà de l'aspect physique ; le physique est là comme un pont, une médiation nécessaire. Ceci est la voie normale : la rencontre avec un maître est la rencontre avec une voie, avec une pratique, avec une influence spirituelle particulière.

Il existe cependant des cas exceptionnels, des initiations spontanées, qui ne sont pas le fait d'un choix ; c'est une réalité. On connaît quelques cas de personnes qui ont eu tout de suite des ouvertures, des contacts, des illuminations : on les appelle d'un terme particulier, les *ouassi*. Ainsi un contemporain de Mahomet, qui vivait au Yémen et qui, bien que n'ayant jamais rencontré le Prophète, était en relation directe et subtile avec lui. A la mort du Prophète, ses compagnons sont alors allés vers lui.

QUESTION : *Qu'est-ce que le* dhikr *? Est-ce seulement une pratique du soufisme ou bien une pratique islamique en général ?*

F.S. : Le *dhikr* est propre au soufisme. Il s'agit de pratiques d'intériorisation mises en place par des maîtres soufis et la forme de ces pratiques peut changer. Il existe une forme de *dhikr* silencieux et collectif ; une forme particulière du *dhikr* est la danse des derviches tourneurs instituée par le fils de Rûmi, dont l'intention première vient d'un état d'ivresse. Rûmi avait l'habitude de se promener avec ses disciples et il lui arrivait d'être pris d'extase en entendant dans le souk des phrases tout à fait banales, hors de tout contexte spirituel, mais que lui, Rûmi, entendait comme des mots venant de Dieu, comme si Dieu venait le visiter ; alors il se mettait à tourner. Il était pris d'extase et dansait, tournoyait. Dans le tournoiement il y a mise en disposition de l'âme pour l'émergence de certains états spirituels. Le soufisme se donne comme étant la voie des états, de la science et de la connaissance des états, des saveurs spirituelles tout en étant conscient qu'il ne faut pas rechercher l'amour pour l'amour, mais rechercher l'amour pour l'Aimé. Il ne faut pas se complaire dans des états ou les rechercher pour quelque chose d'agréable. Ce sont là des écueils, et l'enseignement tend à les éviter. Le soufisme est une voie de lumière.

Il y a d'autres personnes qui ont des manifestations très extériorisées. Il faut souligner ici qu'il s'agit de domaines très subtils : il ne faut pas confondre toute cette science des saveurs, tout cet enseignement, toute cette influence spirituelle avec un défoulement collectif, de catharsis psychologique. Il faut savoir que même dans le soufisme, certaines voies se sont « folklorisées » et sont allées plus vers une sorte de « phénoménalisme » dans lequel les danses étaient d'avantage d'ordre psychique que spirituel.

Cette orientation psychique peut s'ouvrir sur la psyché cosmique, produire des formes de guérison individuelle ou même collective. Cela peut être tout à fait intéressant et en même temps, dans ce folklore, on trouve tout un aspect de fakirisme ; on rencontre alors des gens qui sont dans un état d'ouverture psychique, ce qui leur permet, par exemple, de boire de l'eau bouillante, de marcher sur le feu, de dormir sur une planche à clous, tous ces phénomènes de fakirisme dont on connaît beaucoup d'exemples en Inde, parce que le corps change sous l'influence de cette psyché cosmique qui donne des capacités particulières à ces personnes. C'est pour cela qu'il convient d'être très vigilant afin de ne pas basculer dans le spectaculaire qui se situe en dehors de la voie.

QUESTION : *Quelle différence peut-on faire entre états extatiques et états spirituels ?*

F.S. : Les états spirituels ne sont pas une inconscience mais un dépassement, un élargissement de la conscience habituelle. C'est important car cela ne veut pas dire que vous devenez inconscients ; au contraire, vous êtes conscients de tout ce qui est habituel mais en même temps votre conscience devient plus large.

Dans le monde traditionnel du soufisme, le *dhikr* n'est pas mixte ; les invocations sont pratiquées par les femmes entre elles, et par les hommes entre eux.

Dans le *dhikr*, ce qui frappe le plus est la connivence qu'ont les enfants avec le monde des états spirituels et très souvent, lors de grandes soirées où il y a des centaines et des centaines de personnes, j'observe les enfants. J'en vois pratiquer la danse extatique jusqu'à des heures très avancées de la nuit, alors qu'ils ont entre huit et douze ans.

Laissez-moi vous raconter une anecdote amusante concernant la réaction d'un enfant. Au cours d'une soirée, quelqu'un parlait et ce qu'il disait avait produit un tel effet sur l'assistance que de nombreuses personnes pleuraient. Un enfant, un jeune Français vivant au Maroc, se tourna vers sa mère et dit : « Il ne se rend pas compte, celui-là, qu'il va faire pleurer tout le monde ! »

En effet, il y a un aspect qui peut surprendre les enfants, mais en même temps, les enfants sont totalement à l'aise dans ces soirées de danses collectives.

QUESTION : *L'extase est-elle accessible à tous ?*

F.S. : L'extase, en tant que changement d'état, est accessible à tout le monde ; simplement, les formes peuvent être extrêmement variées. Certaines personnes, pendant toute leur vie de disciple, parfois même de guide spirituel, n'ont pas de manifestation extérieure de l'extase ; non pas qu'ils se dominent plus que d'autres, c'est simplement une manière de ressentir les choses, tout en intériorité.

QUESTION : *N'y a-t-il pas dans cette forme d'invocation, dans le* dhikr, *la conscience d'un mouvement enivrant et simultanément la peur de se laisser aller ?*

F.S. : C'est vrai. Mais en même temps il y a un moment où l'état est là, où l'on est pris par le *Hal*, c'est-à-dire par l'état, et alors on se laisse porter par le propre rythme de l'état et je crois qu'il est naturel aussi d'avoir une appréhension. Nous avons tous une résistance à céder au *Hal*.

On se ressaisit toujours : peur du « lâcher-prise », peur de l'abandon intérieur parce que l'on se dit : « Mais où va-t-on ? »

Si l'on est dans un état de confiance, au cours du *dhikr*, on se laisse guider : c'est le *Hal*, l'état qui devient le guide. Mais encore une fois, dans un travail spirituel qui a ce sens juste, on peut avoir des manifestations telles que rire ou pleurer.

Lorsque je suis entré dans la voie soufie, il y a vingt ans, j'ai été invité à une soirée avec le maître. A côté de lui se tenait un homme d'une cinquantaine d'années vêtu d'une djellaba. Cet homme regardait le maître et se tordait de rire. Dans un premier temps je me suis dit que le maître avait sans doute raconté une histoire extrêmement drôle car dès que cet homme regardait le maître il se remettait à rire.

Cela a duré plus d'une heure. Puis, lorsque j'ai vu que le maître ne faisait absolument pas attention à cet homme, qu'il continuait à parler avec les uns et les autres, je me suis rendu compte alors qu'il s'agissait d'un *Hal*, un état spirituel qui se manifestait de cette façon.

Dans l'extériorité les événements peuvent parfois revêtir des aspects tout à fait inhabituels ; dans la réalité se manifeste une confiance, une lumière. Ces *Hal* sont lumineux : c'est-à-dire qu'ils nous permettent d'être vraiment nous-mêmes alors que dans nos états habituels nous ne le sommes pas. En fait, nous préférons ce à quoi nous sommes habitués plutôt que ce à quoi nous ne sommes pas habitués.

Evidemment, on voit des gens tomber dans des

états cataleptiques qui sont une sorte d'inconscience ; lorsqu'ils se réveillent ils ne se souviennent pas de ce qui s'est passé.

Des gens qui sont dans un état spirituel peuvent avoir des manifestations qui extérieurement peuvent être les mêmes que celles que j'ai décrites ci-dessus, mais ces gens-là savent parfaitement ce qui s'est passé : ils sont totalement présents. Il peut arriver que l'on soit en extase pendant plusieurs heures ; si quelqu'un vient frapper sur l'épaule de celui qui est en extase, il le sait. Peut-être ne va-t-il pas répondre s'il juge que ce n'est pas le moment, mais il est conscient. Naturellement, cela peut surprendre, n'est-ce pas ? On voit des gens qui sont dans un état extatique et qui, aussitôt après, reprennent leur conversation comme si de rien n'était, parlant de choses tout à fait banales.

Vu de l'extérieur, certaines personnes ne comprennent pas et disent alors que tout cela est du cinéma ! Certes, ce sont des états spectaculaires, mais ceux à qui cela arrive ne sont pas ailleurs. Quand on dit « ailleurs », on veut dire dans l'inconscience. Or, la spiritualité n'est pas dans l'inconscience, elle se situe dans l'élargissement de la conscience.

Les supports de méditation, comme ici dans le *dhikr*, sont basés sur une langue sacrée utilisant des termes sacrés aux affinités de sonorité. Ces formules sacrées sont justement choisies pour leurs affinités de sonorité intérieure qui conduit à l'ouverture. On pourrait se contenter de ne dire qu'une seule fois *lâ ilâha illâllah*, mais on répète l'invocation à plusieurs reprises pour que l'on arrive une seule fois à la dire d'une façon totalement juste... A la recherche de la parole perdue...

Puisque nous parlons de remèdes et de guérison, je dirais que cela est une des infirmités de l'âme. Cette infirmité est naturelle, c'est un mécanisme de défense. A partir du moment où l'on s'engage dans un travail, dans une thérapie, dans les conditions d'un travail spirituel authentique, nous savons à quoi nous nous exposons, et pourtant, bien que le sachant, il n'est guère facile de s'abandonner : l'abandon est un apprentissage.

D'où la nécessité, dans toutes les traditions, de la présence d'un véritable guide spirituel, d'un être réalisé, investi de cette qualification à transmettre l'enseignement. Le maître est maître car il détient la pédagogie, la thérapie dosée : il est le médecin du cœur.

QUESTION : Peut-on pratiquer le dhikr *n'importe où ? Y a-t-il des lieux particuliers ? Dans une mosquée par exemple ?*

F.S. : Il n'y a aucune condition particulière, mais il faut un lieu qui se prête à la concentration, au travail spirituel ; ce peut être dans la nature. En général on ne pratique pas le *dhikr* dans les mosquées qui sont des lieux réservés aux prières, aux rituels habituels. Les pratiques soufies sont rattachées à une voie spirituelle spécifique. Pratiquer le *dhikr* dans une mosquée implique la participation de toutes les personnes présentes et qui ne sont pas forcément rattachées à la voie soufie. Aussi pratique-t-on le *dhikr* dans des centres soufis que l'on appelle *zaouia*, ce qui signifie « ce qui est à côté ». Dans certaines *zaouia* une mosquée abrite le tombeau du saint fondateur de la *zaouia* ; dans ce cas particulier, après la prière, on peut rester dans la mosquée et pratiquer le *dhikr*.

QUESTION : *Faut-il être musulman pour être soufi ?*

F.S. : C'est une question piège et je vais vous répondre d'un point de vue personnel.

Il est vrai que le soufisme s'est beaucoup développé en Occident, indépendamment de l'islam. Par exemple, aux Etats-Unis, il y a beaucoup de derviches tourneurs qui aiment la symbolique et les enseignements de Rûmi mais qui sont rebutés par un islam qui peut paraître parfois trop austère, inscrit dans une dogmatique bien particulière. Beaucoup de gens se disent : « Je veux bien du soufisme mais sans l'islam. »

En réalité, le soufisme est né de l'islam, il en est même la dimension intérieure, ésotérique. Lorsque l'on connaît bien la tradition de l'islam, on comprend que le soufisme en est l'esprit : le soufisme est le fruit de l'arbre islam. Peut-on être dominicain sans être chrétien ? Peut-on être zen sans être bouddhiste ? Peut-on être un mystique cabaliste sans être juif ? A mon sens, c'est une tentation de facilité que de vouloir prendre le soufisme sans l'islam.

JEAN-YVES LELOUP : Quelques notions d'histoire sont nécessaires car ce qui est abordé ici est le thème de la prière du cœur, de la prière du souffle que l'on retrouve dans toute tradition authentique. Dans la tradition juive, l'invocation du Nom est extrêmement importante puisque YHWH se dit dans le Souffle.

Le Nom nous conduit dans le secret du Souffle, dans le silence qui habite le cœur même du Souffle, cette prière du cœur a été pratiquée puis transmise par Jésus à la Samaritaine. La Samaritaine l'a transmise à saint Jean. Saint Jean a fait le récit de cette rencontre et de cette transmission dans son évangile ; Les « vrais adorateurs », tels que les veut le Père, sont ceux qui prient en *pneumati kai aléthéia*, littéralement dans le Souffle et la Vigilance, souvent traduit « en esprit et vérité ».

Cette prière a été transmise aux Pères du désert d'Egypte à travers saint Marc. Prière du Souffle, prière du Nom, toujours vivante aujourd'hui dans la tradition chrétienne. Le *dhikr* dans le soufisme s'inspire de cette tradition sémite et chrétienne, de l'invocation du Nom, invocation dans le Souffle, avec une forme qui lui est propre.

Il faut savoir reconnaître qu'il existe une anthropologie fondamentale : nous sommes tous des êtres humains ; respirer n'est pas la propriété des bouddhistes, ni des chrétiens, ni des juifs, ni des soufis... Chaque tradition nous invite à pénétrer dans le secret, dans le mystère même du souffle, qui appartient à tout être humain et cela à travers une forme qui est propre. C'est dans la forme qu'il faut savoir éviter le syncrétisme, car le syncrétisme c'est vouloir construire un véhicule avec le guidon d'une bicyclette, les roues d'une locomotive et le moteur d'une 2 CV : on obtient un véhicule qui ne fonctionne pas. Chaque forme est particulière mais ce qui importe c'est d'aller dans le secret du souffle, dans l'invocation du Nom, dans le son qui est au cœur du Nom : c'est là que l'on ressent les résonances.

Les influences historiques sont là et il est intéressant de noter que six siècles avant Jésus-Christ existait, avec le Bouddha, une tradition des mantras ; dans la tradition chrétienne, c'est l'hésychasme : l'invocation du Nom dans le souffle. Puis vint le soufisme. Il y a une anthropologie commune mais qui appartient à des religions différentes. Il s'agit de les respecter dans leur beauté propre et dans leurs différences.

L.D.T. : Il y a en effet une anthropologie commune, une nature commune de l'esprit-expérience humain ou de la conscience humaine qui fait que, lorsque celle-ci s'ouvre, apparaissent des états similaires. Il y a ainsi une sorte d'anthropologie des états spirituels, des états de contemplation. Ils sont nommés par certains extases, par d'autres enstases, tout dépend de quel point de vue on se place ; ce sont des états de sortie du moi, du petit soi, et en ce sens ce sont des extases. Mais en même temps ce sont des états d'entrée dans sa nature profonde, dans l'en-Soi, le Soi absolu, et en ce sens ce sont des enstases. La sortie de l'illusion est l'entrée dans la Réalité, un vide d'illusion est un plein de réalité. Sortir de l'ego fait entrer dans la Présence divine, dans sa plénitude.

Il a été dit que la signification de la tradition du Prophète est : « Celui qui se connaît lui-même connaît son Seigneur. » Un bouddhiste se sent très à l'aise avec une telle formulation qui n'est pas sans rappeler l'adage socratique ou celui du temple de Delphes : « Connais-toi toi-même et tu connaîtras les Dieux et l'univers. » Dans toutes les traditions la compréhension essentielle de ce que nous sommes, de la nature de l'esprit comme dit le Dharma, est la clé qui ouvre au mystère de l'Absolu.

Il y a là le cœur d'une vision que notre tradition nomme *Rimay* ou « unité dans la diversité » ; unité fondamentale dans l'expérience de l'état de plénitude de cette présence absolue en l'absence du moi et diversité d'expressions et de méthodes pour l'approcher, pour s'y abandonner. Dans cette vision la diversité n'est pas un problème pour autant que l'on reconnaisse qu'elle est dans les formes et les noms qui sont par nature contingents et relatifs. Les représentations, les langages sont différents mais pas l'essence ou le fond du fond. De ce fait la diversité n'est non seulement plus un problème mais au contraire une richesse dans la mesure où elle permet d'exprimer cette unité selon différentes réceptivités ou mentalités. Cette vision d'unité dans la diversité me semble fondamentale pour le dialogue intertraditionnel. Précisons bien qu'il ne s'agit nullement de considérer que « fondamentalement toutes les traditions disent la même chose » et d'en rester là ou de se faire sur cette base sa spiritualité « perso », sur mesure – c'est ce que je nomme se faire son cocktail spirituel ou ce que Jean-Yves a décrit comme ce véhicule fait de bric et de broc qui ne fonctionne pas. L'engagement dans une voie avec un rattachement régulier et un guide est indispensable, avec toute la discipline et l'abnégation que cela exige.

Nous parlions précédemment de la nature pneumatique de l'esprit et du corps. Le souffle n'est clairement pas l'objet d'une tradition plus que d'une autre ; le souffle est celui qui nous anime qui que nous soyons, c'est en définitive ce en quoi nous sommes tous égaux. Cette merveilleuse pratique de *dhikr* est sous bien des aspects fort proche de la pratique des mantras telle qu'elle se fait dans le Vajrayana, la tradition tantrique. Il est toutes sortes de mantras, formules qui se pratiquent comme rappel de la présence sacrée, comme rappel de la présence du Seigneur absolu. C'est une façon de parler traditionnelle dans le Vajrayana. Vous connaissez *Om mani padmé houm*, le mantra du Seigneur de grande Compassion. Les différents aspects de la Déité – Déité est le nom que nous donnons au Seigneur absolu – sont les différents aspects de la nature de

Bouddha ou de l'Eveil et ils ont chacun un mantra. Ce mantra choisi en fonction du pratiquant se récite soit associé au souffle, soit dans la récitation du cœur, silencieuse. Sa récitation constante transforme le souffle-esprit et, dans l'oubli de soi, fait entrer dans le Soi qu'est la présence de la Déité.

Echos : Guérir l'esprit, guérir le corps

L.D.T. : Guérir, c'est aller vers Dieu. Si l'on entend par Dieu la Lumière divine au-delà de toute forme, c'est ce que nous nommons dans le Dharma la Claire Lumière. Cette Claire Lumière est la perfection absolue, l'état non dualiste auquel rien ne manque, dont rien n'est autre. La plénitude de l'être peut se dire Perfection absolue, la plénitude de l'être est Dieu, et donc Dieu est la Claire Lumière. Nous pouvons nous retrouver ainsi, auquel cas nous aurions le même Dieu ! Comment d'ailleurs pourrait-il en être autrement si Dieu est absolu ! ? Mais de nouveau attention au piège diabolique, c'est-à-dire dualiste, de l'idolâtrie anthropomorphe avec son Dieu surnaturel, habitant dans un Là-bas ou un Là-haut, dans un Ailleurs, où que ce soit.

Oui, l'ego se rend au divin, à l'absolu, dans la dépossession et l'abandon. En écoutant Faouzi parler de l'amour et de l'humilité, je sens le parallèle avec la compassion et la vacuité telles que nous les entendons dans le bouddhisme. La compassion est l'oubli du moi égoïste dans l'ouverture à l'autre et l'humilité authentique est d'être sans *moi.* C'est le non-ego, la vacuité selon les termes du Dharma.

Dans l'accompagnement, la thérapie, nous nous retrouvons aussi largement dans une dynamique interpersonnelle dans laquelle l'important est la relation dans l'instant de personne à personne.

QUESTION : *Y a-t-il une raison spirituelle, une cause spirituelle à la maladie ?*

L.D.T. : Oui, il y a une cause spirituelle aux dysfonctionnements du corps et aussi une cause corporelle aux dysfonctionnements spirituels. Corps et esprit sont interdépendants mais voir un lien direct de cause à effet de l'un à l'autre, comme si l'un préexistait à l'autre telle une cause précédant la conséquence qu'elle induit, est une vue de l'esprit. Nous dirions plutôt que corps et esprit co-émergent et sont faits, l'un comme l'autre, d'une énergie que l'on nomme souffle. Ainsi le corps et l'esprit ont une nature pneumatique. La triade corps-souffle-esprit et les interactions du corps et de l'esprit dans et par les souffles sont au cœur de la vision du yoga et de la médecine traditionnelle. Les déséquilibres de l'esprit entraînent des déséquilibres des humeurs gouvernant les fonctions corporelles, et ces déséquilibres humoraux sont l'une des principales sources de maladie. Pratiquement, en soignant l'esprit on soigne le corps et réciproquement. Un corps sain avec un esprit sain.

Maintenant si esprit et corps sont bien interdépendants, la voie, le cheminement se présente comme une incorporation. Ceci est très important. Cette incorporation se vit quand l'esprit entre dans le corps, quand l'esprit s'incarne dans l'expérience, dans la chair de l'expérience. Notre esprit fait alors corps avec le corps physique, avec le corps de l'environnement et avec le corps du souffle. Quand l'esprit fait complètement corps avec le souffle, le physique et l'environnement, c'est la réalisation des trois corps d'un Bouddha. C'est le sens de l'incarnation dans le Dharma.

La confiance essentielle

L.D.T. : La libération n'est pas garantie, car il n'est pas du tout garanti que nous soyons capables de vraiment nous abandonner, de vraiment mourir à nous-mêmes, aussi longtemps que le *je* essaye, il s'en empêche !

Il n'y a pas de Grand Assureur pour fournir une garantie libération ou Paradis !

Les garanties sont souvent de tristes histoires. « Vie éternelle garantie si vous avez foi ! » Certaines traditions ont même quelquefois exploité le filon en monnayant tout cela : on vous vendait une « garantie Paradis »... une sorte d'assurance vie éternelle.

Mais plus sérieusement, il y a ici la question de la confiance et de la foi. Car si la pratique fondamentale est bien une question de désappropriation, de dépossession, de désidentification, cette dessaisie, quel que soit le nom qu'on lui donne, n'est possible que dans une confiance fondamentale qui n'est pas la croyance en « quelque chose », en un « dit », en un « écrit », une « personne », mais qui est une confiance ou une foi qui permet de lâcher, une confiance en la fluidité de l'eau qui permet de plonger ou en la fluidité de l'air qui permet de sauter... une confiance en la bonté de l'espace qui permet de s'ouvrir.

L'entrée dans la Présence absolue, on pourrait dire aussi divine, est la voie de la confiance ou de la foi fondamentale. Dans le Dharma, nous n'employons pas le mot « foi » qui est très chargé dogmatiquement ; nous préférons parler de confiance fondamentale. C'est la confiance en la santé fondamentale, en l'harmonie absolue. Cette confiance est ce qui permet de ne pas se retenir, de s'abandonner, de dépasser les résistances et les peurs, de ne pas rester fermé dans son cocon dans une attitude protectionniste, de se relâcher, de s'ouvrir, d'aller dans le sens de l'abandon et de l'absence d'ego, dans le sens de l'état de Présence.

Echos : Devenir soi-même

QUESTION : *Lorsque que j'ai commencé à pratiquer la méditation, après quelques mois j'ai pu marcher doucement, parler doucement, vraiment regarder les autres et je trouvais que cela était bien. J'avais cependant mal au foie et, quand je me regardais dans la glace, je trouvais que j'avais l'air un peu morte... J'ai rencontré alors un ami que je n'avais pas vu depuis longtemps et qui m'a dit : « Je ne te reconnais plus, il faut que tu retrouves ta colère, ton agressivité ! »...*

L.D.T. : On peut s'identifier à un personnage de méditant, de contemplatif, ou autre, qui abandonnerait tout : cigarettes, alcool, colère, femme, enfants, etc., et qui vivrait de façon calme et posée. L'identification à un tel personnage est un nouveau carcan, un nouveau conditionnement.

On dit dans le Dharma que les attachements habituels sont comme des cordes de paille, et que les attachements spirituels sont comme des chaînes d'or. C'est dire que les liens en or sont plus solides, même s'ils sont faits dans une matière précieuse. Cela ne veut pas dire pour autant qu'il faille redevenir colérique et agressive.

Dans l'apprentissage, on ne peut pas éviter, au début, qu'il y ait imitation et dans celle-ci des conditionnements. Mais le véritable apprentissage consiste à désapprendre, dans une ouverture qui n'est pas abstraite, qui est participation directe et immédiate.

J'ai eu l'impression que ce corps me faisait signe...

L.D.T. : Votre corps vous a aidée, il vous a fait sentir le décalage entre le personnage mental que vous vous étiez fabriqué et votre réalité concrète, physique. Votre « crise de foie » était une grâce de l'intelligence corporelle qui vous a permis de sortir d'un mauvais conditionnement. La pratique authentique n'est jamais un état fabriqué.

F.S. : Il s'agit là de représentations. L'important est qu'une pratique spirituelle nous conduise à devenir nous-mêmes, à retrouver notre nature profonde. Je dirais même que cela est indépendant de la vraie nature spirituelle profonde : il s'agit en fait d'être conforme à ses propres réactions, d'être spontané dans le sens de « plus directement soi-même, sans obstruction ».

Pratiquer le rappel à soi

Un *dhikr*, littéralement « rappel », est un peu l'équivalent d'un mantra. C'est une invocation et le principe de l'invocation est d'essayer de se focaliser sur une signification.

Pour se focaliser on fait une pratique inhabituelle pour le mental : la répétition. Notre mental a plutôt l'habitude de procéder par associations : une émotion donne lieu à une pensée qui donne lieu à une autre pensée qui provoque une autre émotion qui donne lieu à un souvenir qui amène une autre émotion et ainsi de suite. Nous sommes dans une sorte de rotation continue avec la quasi-impossibilité de faire cesser le mental, de nous arrêter un instant ; nous sommes pris dans un tourbillon.

Le *dhikr* consiste justement à rechercher l'arrêt et

à revenir vers un point focal, à essayer d'aller au-delà de ce flot superficiel pour entrer en quelque sorte à l'intérieur, à s'y immerger. Cette porte d'entrée est la formulation du *dhikr* que l'on fait revenir sans cesse et qui, progressivement, ouvre la porte.

Le *dhikr* a, comme toute forme de méditation, ce double aspect d'élévation et de pénétration au-delà du voile : une dissipation du voile, mais également un effet de miroir dans lequel, finalement, nos émotions et nos réactions deviennent visibles, tandis qu'auparavant nous les vivions d'une manière inconsciente.

Ainsi toute invocation, toute méditation est à la fois une connaissance de soi et une connaissance divine. C'est la signification de la tradition du Prophète qui dit : « Celui qui se connaît lui-même, celui-là connaît son Seigneur. »

En même temps, bien sûr, dans ce miroir qui est comme un ciel intérieur, ce qui vient s'y révéler est comparable à des nuages qu'on laisse passer, auxquels on ne se fixe pas.

Sans cesse on revient vers la signification, vers le miroir ; au lieu de s'identifier à ce qu'il y a à l'intérieur du miroir, on revient vers le miroir pour se libérer des images qui s'y reflètent.

Lâ ilâha illâllah. On laisse ses pensées, ses émotions, on les laisse à la fois se révéler et à la fois passer, sans s'identifier. D'habitude, dans notre manière inconsciente d'agir, dès que nous avons une émotion, nous nous identifions complètement à elle, dès que nous avons une pensée, nous nous identifions à cette pensée. Nous sommes en quelque sorte ballottés d'une chose à l'autre et c'est là l'illusion, le jeu de l'ego. C'est quelque chose d'inconsistant puisque c'est changeant en permanence mais, en même temps, c'est par cette identification permanente que naît l'impression d'une continuité. Donc, finalement, l'invocation est une façon de se détacher de cette identité.

Lâ ilâha illâllah. Evidemment, la pratique montre que dès lors que l'on fait du *dhikr* ou que l'on médite, entre quelques invocations on fait pas mal de voyages, de projets et, d'un seul coup, vient un rappel, et c'est pour cela que le *dhikr*, dans sa signification littérale se nomme le « rappel » – rappel à soi, rappel divin, mémorisation divine : ne pas oublier Dieu dans notre vie, dans notre compréhension des choses et en même temps, toujours par ce double aspect de connaissance de soi et de connaissance divine, se rappeler Dieu et se rappeler à soi. D'ailleurs, il y a un verset du Coran tout à fait expressif dans ce sens : « Celui qui me rappelle, qui m'invoque, Je le rappelle, Je l'invoque. Invoquez-moi, Je vous invoquerai. »

Ce rappel, que le divin jaillit à travers cette consultation dans la prière, c'est précisément la révélation de notre nature réelle, profonde. On s'éloigne de l'éparpillement, de la dispersion, de tout cet agrégat qui nous donne l'impression du *je* psychologique dont la permanence est illusoire pour aller de plus en plus vers un *Je* transcendantal.

Ce *Je* n'est pas nous, car à partir du moment où

nous décidons d'être ceci ou d'être cela, c'est toujours notre *je* illusoire qui décide. Mais ce *Je* est le don du divin, une nouvelle naissance, une manière d'enlever le carcan, d'enlever les voiles pour laisser notre intérieur se révéler.

Le *dhikr* a une signification différente selon qu'il se pratique seul ou dans une assemblée. En effet, dans une collectivité, dans une communauté, il se produit une re-liaison, une communication qui se fait de cœur à cœur entre tous les êtres qui invoquent. Chacun apporte sa propre *baraka* et reçoit de la *baraka* des autres. Il faut à la fois être concentré intérieurement et en même temps être à l'écoute, extérieurement, de l'invocation de tous les autres.

Un rythme propre s'installe dans le *dhikr* et ce rythme se régule lui-même, devenant parfois plus lent, parfois plus rapide. Quelqu'un dirige le *dhikr* et, en fonction de l'écoute, de la correspondance d'état qui s'établit, il peut même changer de *dhikr*. Alors, progressivement s'opèrent ces « ex-états », c'est-à-dire ces extases, sorties d'un état pour entrer dans un autre : c'est la signification de la danse extatique des soufis. Cette danse, lorsqu'elle devient très profonde, est appelée de trois noms qui illustrent parfaitement la signification de cette danse ou de cet état :

– la Plénitude : on entre progressivement dans un état où domine une conscience de plénitude, où il n'y a plus moi, où il n'y a plus l'autre, où il n'y a plus que la sensation de cette plénitude de l'être ;

– la Présence : c'est le moment où la Présence

se fait palpable, où cette présence divine que l'on a invoquée se fait présente ; on goûte sa saveur ;

– cette danse extatique est aussi l'Ivresse : les soufis, bien qu'ils ne boivent pas de vin dans leur vie physique, ne parlent que de cela, de l'ivresse. Dans les poèmes soufis, on a l'impression qu'un hommage est rendu au vin, à celui qui le verse, à la coupe qui le reçoit.

Les soufis cultivent cette ambiguïté en exprimant un anticonformisme qui consiste à éviter de tomber dans une sorte de dévotion de formes, dans une bigoterie spirituelle. Ambiguïté continuelle du vin et même de l'amour. A tel point qu'en lisant les poèmes des soufis, comme dans le Cantique des Cantiques, on peut tout y trouver, tout y lire, tout y comprendre.

Choustouri, un soufi andalou, cultive cet humour, cette ambiguïté en un poème sous forme de dialogue avec un théologien. Choustouri interroge le théologien : « Que penses-tu de quelqu'un qui est ivre, qui fait le tour de la Kaaba et qui gravit le mont Ararat ? » Cette question scandalise le pauvre théologien. A la fin du dialogue, le soufi lui dit : « Mon ami, si tu pouvais goûter ce Vin-là, tu laisserais le monde et ce qu'il contient et tu partirais, éperdu d'amour, pour l'éternité. »

Perplexité : moins on comprend, mieux ça vaut. Bienheureux les pauvres en esprit...

Les réactions des personnes qui pratiquent le *dhikr* peuvent être extrêmement diversifiées : certains, dès le jour même où ils ont commencé à pratiquer le *dhikr*, ont connu des extases. Avec eux, l'accompagnement va consister à les rafraîchir, c'est-à-dire à les conduire à ne pas pratiquer le *dhikr* car ils ont une sensibilité trop grande, trop forte au *dhikr*. J'ai aussi connu des personnes qui, entrant dans une assemblée, empêchent les autres de pratiquer le *dhikr* car elles rient tout le temps ; leur nature est inflammable. L'œuvre du guide, du maître spirituel agit essentiellement par l'influence qu'il distille, par l'influence subtile qui se distille à travers la pratique du *dhikr*.

Lâ ilâha illâllah
Lâ ilâha illâllah
Lâ ilâha illâllah
Lâ ilâha illâllah
Lâ ilâha illâllah
Lâ ilâha illâllah
Lâ ilâha illâllah
Lâ ilâha illâllah
Il n'y a pas d'autre réalité que la réalité de Dieu
Lâ ilâha illâllah

2.
La thérapie sacrée dans la perspective du bouddhisme

LAMA DENYS TEUNDROUP

Pour présenter le thème de la thérapie sacrée dans la perspective du Bouddha, je souhaiterais suivre son premier enseignement exposé à Sarnath au Parc des gazelles. Cette première présentation de l'enseignement, qui est en même temps son fond, a pour thème les Quatre Nobles Réalités ou, dit autrement, les quatre étapes de la thérapie sacrée, ce qui montre combien ce thème est central dans notre tradition. Sa perspective essentielle est médicale ou thérapeutique.

Ainsi, dans son premier enseignement, le Bouddha suit une approche éminemment pragmatique. Il part d'un état des lieux, de la constatation de ce qui est nommé en sanscrit *dukkha*. Ce mot véhicule, dans son sens étymologique, la notion de « ne pas tourner rond ». *Dukkha* exprime la situation existentielle habituelle en laquelle il y a dysharmonie et mal-être. Le contraire de *dukkha* est *sukha* qui, lui, véhicule le sens de « tourner rond ». *Sukha* est l'harmonie, l'absence de dysfonctionnement, d'interférence, de blocage. *Sukha* se traduit le plus souvent par « félicité » et *dukkha* se rend communément par « souffrance ». Mais il y a un problème à traduire *dukkha* ainsi : ce n'est pas faux mais c'est une traduction très réductrice qui donne souvent une impression pessimiste, ce qui n'est pas exact. Nous préférerons donc garder le mot sanscrit *dukkha* ou bien le traduire par « dysharmonie » ou « mal-être ». Le mal-être c'est l'« être dans l'illusion » et cette illusion est pénible et douloureuse.

Ce que je voudrais d'abord vous faire sentir dans ces considérations est le parallèle entre la vision du Bouddha et la thérapie sacrée. D'un côté *sukha* est l'harmonie de la réalité ou de l'être, c'est la santé fondamentale, analogue à la santé physique, qui est l'état d'harmonie de l'organisme. Cet état de santé fondamentale est naturellement bien-être et bonheur. D'un autre côté, *dukkha* est dysharmonie, c'est la réalité ou l'être brouillé par les interférences des illusions qui produisent un dysfonctionnement analogue à la maladie. Et comme chacun sait, la maladie est mal-être et souffrance. En résumé, d'un côté nous avons harmonie, bon fonctionnement, santé, bien-être et bonheur, et de l'autre nous avons dysharmonie, dysfonctionnement, maladie, mal-être et souffrance. La thérapie sacrée est la voie de la guérison, c'est la voie du mal-être à la santé fondamentale.

La première noble réalité du bouddha

Le point de départ du Bouddha, la première noble réalité, est que nous sommes habituellement en état de *dukkha*. Précisons ici que *dukkha*, la dysharmonie, commence avec l'existence individuelle, c'est-à-dire avec la dualité, la séparation qui fait que l'on existe comme quelqu'un, comme individualité ou ego. Cette séparation commence avec l'observateur, la naissance du sujet, ce qui vit l'expérience comme sienne. C'est l'apparition d'un moi virtuel qui habite l'expérience en se l'appropriant. Cette séparation ou coupure est l'exil de l'état primordial, l'exil de la réalité, l'exil de l'Etre, aimerait-on dire en Occident. C'est *dukkha* existentiel ou *dukkha* de l'être, qui est la maladie d'être ou même la maladie de l'être. La maladie de l'être est l'impression ou l'illusion que moi-sujet et les objets que je saisis existent indépendamment. C'est l'illusion que les êtres relatifs ou l'Etre suprême existent vraiment, indépendamment. Le Dharma enseigne le caractère relatif, relationnel de tout être, que tout est interdépendant, vit en interdépendance ; il n'est d'être qu'en inter-être. Prendre soin de l'être, la thérapie de l'être, c'est réaliser l'illusion de l'être, qu'il n'est pas d'être qui existe vraiment. L'être n'existe qu'en illusion, c'est l'enseignement de l'interdépendance ou de la vacuité, du vide d'être. L'impression d'être, la fixation sur l'être est *dukkha* fondamental ; c'est son premier aspect dont les autres procèdent.

Lorsqu'*on* est, ce qu'*on* est a peur de perdre ce qu'il est et ce qu'il a, peur de se perdre, peur de la perte et du manque ; c'est le deuxième aspect de *dukkha*, le *dukkha* du changement, qui confronte à la perte, au manque et à la frustration.

Et puis il y a les symptômes grossiers de *dukkha* comme la maladie et les peines : c'est la souffrance sous toutes ses formes habituelles, crues et brutes, c'est le *dukkha* de la souffrance.

L'approche du Bouddha est foncièrement réaliste. Il part simplement de la réalité, de notre état habituel avec ses dysharmonies et son mal-être ; s'il n'y avait pas au départ, sous une forme ou sous une autre, de dysharmonie ou de mal-être, il n'y aurait ni problème, ni question, ni cheminement, ni voie, tout serait déjà parfait. Le mal-être commence donc avec la dualité, la séparation dont nous venons de parler qui est la naissance de l'illusion, celle de l'ego. Ce que nous nommons ego est la structure de la conscience habituelle dans la saisie sujet-objet et dans cette saisie la dynamique de l'ego opère en pulsions dont le prototype est la triade : attraction, répulsion et indifférence. De ces trois passions dérivent toutes les autres attitudes égotiques et égoïstes. Cette origine de *dukkha* est la deuxième noble réalité.

La deuxième noble réalité du Bouddha

C'est celle du diagnostic de *dukkha*, l'origine de la dysharmonie, de la maladie. Fondamentalement, cette origine est dans la saisie dualiste qui fait exister l'illusion de l'ego et ses passions. C'est la racine de tous les états d'ignorance ou d'illusion, c'est-à-dire de non-compréhension, de non-intelligence de la réalité telle qu'elle est essentiellement. La dualité est l'ignorance, c'est la racine de tous les voiles et de tous les démons. En tibétain, *marigpa* est le terme que nous venons de traduire par « ignorance ». *Ma* est une particule qui exprime la négation, donc, le plus littéralement, *marigpa* est l'absence de *rigpa*. *Rigpa* est l'expérience primordiale, l'intelligence immédiate et non dualiste, c'est la « gnose » qu'est la nature de bouddha, l'état de santé fondamentale. L'ignorance est donc, si l'on peut dire, un état de « non-gnose », de non-intelligence de ce qui est fondamentalement, au fond du fond, c'est en ce sens que l'on en parle comme d'une « ignorance ». L'ignorance est l'origine de *dukkha*, c'est ne pas connaître ou réaliser ce que *je* suis, c'est ne pas avoir réalisé ce à quoi nous enjoint le « connais-toi toi-même » déjà mentionné.

Nous disions précédemment que dans notre état habituel la dualité nous a exilés de l'état primordial, qu'elle nous a fait perdre la terre première, la terre pure comme nous l'appelons dans le Dharma. Cette dualité est l'ignorance qui nous sépare de notre nature primordiale originellement pure. Elle nous fait perdre cette santé fondamentale, nous en coupe, nous en exile, nous en déchoit.

Il est toutes sortes d'étapes dans l'exil. Ce sont celles de la coagulation de la saisie dualiste et de ses représentations qui solidifient un monde artificiel coupé de sa nature, séparé de la nature. Toutes ces étapes ou niveaux de dualité sont aussi les états multiples de la conscience, les états du *samsara*, les différents mondes de la conscience en lesquels se coagulent l'observateur et son monde observé, l'habitant et l'habitacle.

Dans l'intelligence de l'interdépendance, de l'inter-être, il n'y a pas d'observateur sans observé, de sujet sans objet, d'ici sans là, d'au-delà sans en deçà. Il n'est pas d'habitant sans habitacle, de corps sans esprit et pas d'esprit sans corps. Le corps et l'esprit, particulièrement, sont les deux extrêmes auxquels les matérialistes d'un côté et les spiritualistes de l'autre voudraient tout réduire. Dans la voie du milieu, le madhyamaka, qui est l'enseignement fondamental du Bouddha, corps et esprit, comme tous les doublets dualistes, sont interdépendants et s'évanouissent finalement dans le substrat sans nom ni forme, le fond du fond, que nous nommons l'*alaya*, en lequel réside la conjonction des opposés.

Il y a dans le Dharma différentes perspectives philosophiques complémentaires, certaines ont une vision que l'on pourrait dire plutôt matérialiste ou substantialiste, d'autres plutôt spiritualiste. Ce sont des perspectives qui ont toutes leur bien-fondé mais qui en même temps sont toutes relatives. Elles ont toutes une fonction didactique et de ce fait transitoire. L'important, dans le contexte, est que matérialisme et spiritualisme y sont considérés comme deux éclairages obliques sur une même réalité. Dire que tout est matière ou que tout est esprit n'est finalement pas si différent, le processus cognitif sous-jacent est le même : il considère un « tout » qui dans un cas est étiqueté comme rouge ou matière et dans l'autre comme bleu ou esprit. Du point de vue cognitif, qui est la considération du processus d'étiquetage lui-même, c'est-à-dire la saisie conceptuelle, « tout » étiqueter en bleu ou « tout » étiqueter en rouge est toujours de l'étiquetage et par conséquent foncièrement équivalent. Le problème de fond est l'étiquetage lui-même, pas la couleur de l'étiquette. La position la plus profonde du Dharma, le madhyamaka, est une sortie de ce processus d'étiquetage, quels que soient la couleur ou le nom de l'étiquette : Absolu, Dieu, Allah, Christ, Bouddha, etc. Le madhyamaka est une percée au-delà des noms et des formes, au-delà de la saisie conceptuelle, transcendant la connaissance représentationiste. Cette percée ouvre à une expérience au-delà de tous les extrêmes et appuis conceptuels. Cette transcendance est celle de l'Absolu.

Remarquez que cette séparation ou cet exil, qui est le début de l'illusion ou la naissance de la dualité, peut se dire aussi d'une façon monothéiste comme la perte de la nature divine dont l'homme déchoit pour avoir voulu la connaître en la saisissant. Saisir cette nature la fait devenir quelque chose d'autre que lui. Avec des noms et des formes l'homme s'est représenté ce qu'il était et dans cette re-présentation a quitté la présence de sa nature primordiale.

Au départ, avant l'illusion de la saisie conceptuelle, avant la conception, était l'état de présence primordiale, l'état de santé fondamentale, l'état adamantin. Puis, dans la conception, *je* naît, la dualité naît dans la conception. Co-naissent aussi toutes les conceptions, c'est-à-dire toutes les projections qui constituent le monde habituel, le *samsara*. Elles se surimposent à la réalité de l'état naturel primordial. Cette émergence du *je* et de son monde est la co-naissance du *samsara*, le cycle des états multiples de la conscience et de ses illusions sujet-objet. C'est l'ignorance avec ses voiles qui se surimpose au naturel et nous en sépare, nous en coupe. Ce sont des projections « super-naturelles » ou surnaturelles surimposées à la pureté primordiale. De ce point de vue, le surnaturel est pure illusion. Ce n'est que dans la naissance de l'illusion que le divin devient surnaturel. La séparation naturel-surnaturel est une autre version de la dualité corps-esprit.

Ainsi, de différentes façons, l'origine de l'illusion, l'origine de la maladie, c'est l'ignorance qu'est la dualité, l'ignorance de la connaissance ou conscience duelle, l'ignorance de ce que je suis qui est aussi l'absence de réalisation de l'interdépendance ou de l'inter-être.

La troisième noble réalité du Bouddha

La troisième noble réalité du Bouddha est celle de la santé fondamentale, la cessation de *dukkha.* La santé fondamentale est pure intelligence et amour absolu, intelligence en soi, amour en soi, qui sont les qualités naturelles et spontanées de l'état de présence absolue, l'état d'Eveil. Cette troisième noble réalité est la grande découverte du Bouddha : au-delà de l'illusion, au-delà de la maladie, il est un état de santé, une libération de la dysharmonie, une réalisation de l'harmonie fondamentale, une réalisation de la Réalité, une réalisation de l'état primordial, adamantin. Cette réalisation est l'Eveil, la fin de l'illusion. C'est la noble réalité de la cessation de *dukkha*, la réalisation du non-né, du non-devenu, de l'Absolu. C'est l'état de santé fondamentale que l'on nomme aussi nirvâna – qui peut se dire aussi, nous l'avons vu précédemment, comme une extinction dans la plénitude, comme l'évanouissement de l'individualité dans la Claire Lumière. La Claire Lumière, ou la Lumière Divine du soufisme, est la santé fondamentale de l'état de présence. C'est la clarté à la fois visible et intelligible de l'expérience qui se vit en elle-même, dans l'instantanéité immédiate de l'éternel présent. C'est l'expérience la plus simple et la plus proche qui soit, tellement simple qu'elle est avant que nous soyons, et tellement proche qu'elle est plus proche de soi que ne l'est notre veine jugulaire, comme l'a suggéré Faouzi Skali.

La quatrième noble réalité du Bouddha

La quatrième noble réalité du Bouddha est celle de la thérapie sacrée, du chemin. C'est la noble réalité de la voie de la guérison des illusions et des passions, c'est le chemin de la réintégration de la réalité, de la réunion avec l'état primordial, l'état d'Eveil. Cette voie, le Bouddha l'a présentée comme un triple apprentissage : celui d'une éthique de compassion et de non-violence, *shila* ; celui de l'expérience de présence authentique, d'ouverture complète à ce qui est ici, dans l'instant, *samadhi* ; et enfin l'apprentissage de la compréhension, qui est l'intelligence de l'état de présence, l'intelligence de la présence absolue en l'absence de soi, avant la séparation dualiste, *prajña*.

Cette thérapie est celle de l'être ou de la réalité, c'est pourquoi nous en parlons comme d'une réalisation. C'est aussi la voie de la libération et du bonheur absolu. C'est la grande thérapie et c'est pourquoi un des épithètes du Bouddha est « Grand Thérapeute » ou « Grand Médecin ».

Le premier apprentissage

La thérapie pratique commence par le premier apprentissage qui est celui de la discipline ou de l'éthique de non-violence. Le fondement de cette éthique n'est pas juridique, ce n'est pas une éthique de commandements ou d'arguments d'autorité. Ce n'est pas une éthique qui se justifie par des justifications, qui a raison dans ses raisons mais bien plutôt une justesse de bienveillance, de compassion et de non-violence. Non-violence et grande Compassion, non-violence et amour authentiques, sont ici des synonymes. La non-violence dont nous parlons est toujours la non-violence du non-ego, c'est fondamentalement le non-agir de l'ego. La grande Compassion est l'état libéré de tous les blocages et de toutes les entraves, empêchements et fixations de l'ego. La grande Compassion est dans l'ouverture au-delà de l'ego, l'ouverture du cœur qui est accueil, participation, sensibilité immédiate. La sensibilité immédiate, libre de tout blocage, est la nature de cette grande Compassion. L'intelligence immédiate et la grande Compassion sont simultanées, comme l'espace et l'énergie d'une même expérience d'éveil... Le fondement de l'éthique est ainsi une sensibilité, une sensitivité, une sensorialité du cœur qui est la nature de la grande Compassion.

Le deuxième apprentissage

Dans l'éthique de non-violence ou de compassion opère le deuxième apprentissage qui est celui de la présence. En Occident on parle beaucoup de méditation, terme auquel nous préférerons le mot « présence ». « Méditation » prête à confusion. Le terme tibétain est *tingnédzine, samadhi* en sanscrit, il véhicule l'idée de l'expérience profonde, du fond de l'expérience. Littéralement, le *samadhi*, c'est vivre le fond de l'expérience ou l'expérience fondamentale. C'est vivre l'expérience d'avant la saisie, d'avant les fixations et les projections et cette expérience est celle d'une présence immédiate. La voie de la méditation est ainsi celle de la présence sans saisie, de la présence sans soi, de la présence d'absence.

Cet état de présence sans saisie se découvre dans l'attention ouverte ; il se cultive, se stabilise et s'intègre progressivement à la vie quotidienne ; c'est l'apprentissage de la présence.

Dans l'expérience profonde de cette présence d'absence, présence de non-saisie, il est toutes sortes d'états d'ouverture, amples, vastes, lumineux, brillants et bienheureux. Ces états sont des « expériences spirituelles » de non-pensée, de non-saisie, de clarté et de félicité. Le yogi qui les vit peut en voir de toutes les couleurs... ! Différentes expériences sont caractéristiques de phases de transformation de cette matière brute que nous sommes, ce sont des expériences d'ouverture ou de dissolution de la conscience dualiste. Mais toutes ces expériences, avec leurs étapes, sont susceptibles de devenir à leur tour des voiles, si le pratiquant ou celui qui les vit s'y complaît, s'y attache ou les recherche.

Dans la voie yoguique de la tradition du Bouddha, nous distinguons bien les expériences naturelles et les expériences fabriquées. Ne sont authentiques que les expériences naturelles. Les expériences naturelles sont des expériences de non-fabrication, c'est-à-dire des expériences de non-possession, de lâcher-prise, d'ouverture, d'abandon. Ce sont des expériences d'absence et en ce sens de ravissement, dans lesquelles se vit une présence silencieuse, de clarté et de bien-être. Une expérience fabriquée est induite, c'est moi qui la fabrique, même si c'est à mon insu, et il y a bien des façons, grossières et subtiles, de s'en fabriquer.

Dans cette voie d'ouverture ou de contemplation une direction spirituelle, un accompagnement est indispensable. Le guide est celui qui permet d'éviter les déviations, les récupérations subtiles de l'ego dans différentes formes d'auto-illusion.

Le troisième apprentissage

Le dernier volet de l'apprentissage est la compréhension entendue comme intelligence ou expérience immédiate. Si le deuxième apprentissage, celui de la présence, naît sur les bases de la discipline éthique, le troisième naît pareillement sur les bases du deuxième. L'intelligence immédiate naît dans l'expérience de présence. L'état de présence est même précisément compréhension. Ce qui se comprend dans la présence est la compréhension, et la présence se comprend dans cette intelligence. La présence authentique est intelligence immédiate.

L'apprentissage de la présence est celui d'un processus d'incorporation et c'est là quelque chose qui mérite notre attention. En Occident, on aurait souvent tendance à imaginer la voie spirituelle comme une sorte de décorporation : il s'agirait de s'extraire du corps impur pour devenir une âme pure, une pure idée immatérielle, se sublimant dans un paradis surnaturel... Cette tendance est très fortement en rapport avec la vision spirituelle surnaturelle. Mais le cœur de l'expérience spirituelle n'est pas tant de s'abstraire de l'expérience que de se laisser absorber en celle-ci, de s'y abandonner. La présence se vit en s'incorporant à l'expérience des sens, de nos six sens : vue, ouïe, odorat, goût, toucher, et sens interne qu'est le mental.

La compréhension de l'esprit ou du mental incorporé pense en soi sans penseur, c'est la pensée sans penseur. L'esprit qu'est le penseur que je suis fait corps avec la sphère visuelle, auditive, sensorielle, mentale. Ce n'est d'ailleurs pas « moi » qui fait corps, mais « ça » fait corps dans une absence de moi en laquelle les sens opèrent naturellement en eux-mêmes.

L'expérience d'éveil se vit lorsque l'esprit entre complètement dans le corps de l'expérience, lorsque l'esprit fait corps avec l'expérience, s'incarne dans la chair de l'expérience. L'éveil est ainsi incarnation de l'esprit dans le corps. S'éveiller, c'est entrer dans le corps de la totalité, c'est faire corps avec la totalité. Cette incarnation se réalise par la mort de l'ego, c'est la fin de la séparation qui fait naître à la présence absolue.

Remarquons enfin que l'état d'éveil, de participation absolue, non dualiste, sans quoi que ce soit qui lui soit autre, est ultime car en l'absence d'autre, il n'est plus qui que ce soit pour aller au-delà de quoi que ce soit. C'est la fin du voyage car il n'est plus ni voyageur ni destination, c'est la simple présence vide d'altérité.

Dans cette voie de la thérapie des trois apprentissages s'opère ce que l'on nomme en tibétain *tsossak-dribdjang*, le « développement-dévoilement », qui résume toute la dynamique de la voie : il y a émergence ou développement de l'ouverture et de la clarté de l'éveil au fur et à mesure qu'il y a dévoilement ou dissolution des voiles dualistes et passionnels qui l'obscurcissent.

Pour conclure, reprenons la comparaison avec le miroir : il y a développement ou révélation de la clarté du miroir dans le dévoilement, la dissolution de ce qui l'obscurcit. Le miroir est un symbole aussi vieux que les plans d'eaux dans le monde. C'est un symbole fort utilisé dans la tradition de mahamudra dzogchen. C'est aussi un symbole dans nombre de traditions primordiales. Les Anciens ont souvent un miroir sur la poitrine. Quelquefois nommé « miroir cosmique » il est, en fait, le cosmos-miroir, c'est-à-dire le cosmos comme totalité en laquelle l'intelligible et le visible ne sont pas deux. Le visible est dans l'intelligible et l'intelligible est dans le visible. L'expérience et ce qui est expérimenté sont l'un en l'autre, ils ne sont pas deux. C'est un symbole de l'éveil, de l'état ouvert, lumineux et dégagé en lequel la clarté intelligible et visible s'expérimente en elle-même. Le miroir symbolise l'état de clarté ouverte, de Clarté Divine ou encore de Claire Lumière. Dans notre état habituel, ce miroir est voilé, couvert ou masqué par l'illusion dualiste avec ses fixations aux noms et aux formes et son attachement aux passions.

Le dévoilement de l'illusion est le développement de la réalité.

La suppression de la maladie est le développement de la santé, c'est la thérapie sacrée.

Retrouver le souffle

F.S. : L'homme porte en lui le souffle divin : c'est le secret de notre être, c'est notre trésor dans le sens de notre source profonde de l'être. Les différents degrés de l'évolution spirituelle sont ceux de l'épuration de ce souffle.

Tout ce qui a été dit jusqu'à présent peut être pris dans un sens ou dans un autre selon que l'on part du point de vue humain vers le divin ou du point de vue divin vers l'humain.

Ainsi, les propos peuvent paraître contradictoires, mais en réalité ils ne le sont pas.

Ainsi, l'épreuve de l'arbre, dont parlera Jean-Yves Leloup (voir page 77), peut être interprétée comme capacité de ne pas réagir ; le sens de l'épreuve est que transgresser l'interdit n'est pas le fait de cette transgression, mais celui de ne pas réagir, de rester unifié. C'est la curiosité – volonté de puissance – qui amène à réagir et donc à engendrer la chute, ce qui obscurcit notre unité intérieure.

L'unité intérieure s'est recroquevillée, rapetissée : l'homme universel est devenu l'homme individuel, et c'est cet être-là, comme le disait Lama Denys, qui a la nostalgie de sa maison.

Donc, toute la thérapie consiste à épurer ce souffle qui s'est obscurci, qui s'est voilé.

Vient d'abord l'étape de la naissance d'un regard réfléchi, l'esprit éthique dans lequel on tente d'évaluer si ce que l'on désire est bien ou mal, acceptable ou inacceptable. On appelle cela le sentiment de culpabilité qui est certes problématique mais cependant très utile. Sans lui, ce serait la loi de la jungle.

Cette étape de la conscience morale est importante, mais en rester là est insuffisant dans la mesure où la conscience est pervertie.

Dans ce travail de maturation, survient alors ce que j'appelle l'effet de miroir : la lumière qu'il filtre devient inspiration. L'âme est inspirée. Ce n'est plus le mental qui connaît sa propre pensée : on communie avec la lumière qui est là. Le voile est soulevé. En réalité ce n'est pas la lumière qui était voilée, c'est notre œil qui est recouvert d'un voile. Et au fur et à mesure que cette opération d'épuration se poursuit, quelque chose en nous s'infuse et nous aspire au-delà de la loi du bien et du mal. C'est l'inspiration, la science infuse.

Alors, il n'est plus nécessaire que quelque chose d'extérieur nous enseigne ce qui est bien, ce qui est mal. Il s'agit d'écouter son propre cœur : c'est alors que la science vient en nous. On sent si une chose est bonne ou non. C'est l'intuition spirituelle.

L'étape suivante survient lorsqu'une confiance s'installe : l'âme est apaisée. On sent que l'on est guidé par une présence. L'agitation qui est le sentiment d'enfermement disparaît. C'est le degré de l'âme purifiée, pacifiée.

Après cette étape vient celle de l'âme satisfaite et celle de l'âme accomplie. L'âme satisfaite n'est pas autosatisfaction, ce qui est l'un des voiles suprêmes sur la voie. La satisfaction de soi est ignorance. Là, il s'agit de l'âme satisfaite de Dieu : avec humilité, c'est se sentir désaltéré, accueilli. Il y a unité, moment involontaire.

L'âme accomplie est agréée par Dieu : l'âme sans couleur, capable de toutes les formes. Dans l'un de ses poèmes, Ibn Arabi dit : « Mon âme est capable de toutes les formes : je suis une prairie pour les gazelles et où que se tourne ma monture, l'amour est ma religion et ma foi. »

Il n'y a plus de direction, l'âme n'a plus de couleur : c'est elle qui donne la couleur à toutes les choses qui l'entourent. C'est l'âme accomplie.

Comme disent les soufis : « Ce qui a occulté l'âme, c'est Son excès de Présence. »

Je terminerai par une histoire qui explique bien cela.

« Dans la mer il y a des poissons qui nagent et le petit poisson dit au gros poisson :

– Dis-moi, on nous parle de la mer, de l'océan. Mais qu'est-ce que c'est que tout ça ?

Le gros poisson lui répond :

– Ah, mon garçon, l'océan, tu y es, mais tu ne le sais pas, tu ne le vois pas. »

Nous sommes dans l'océan du divin, mais le fait

d'y être immergé, l'excès de Présence nous le rend occulte.

Le plus haut degré de la connaissance c'est l'inconnaissance, la perplexité pure.

Echos : Le regard de l'innocence

J.-Y.L. : Dans la tradition bouddhiste, on parle de l'exil. Dans la tradition juive ou la tradition chrétienne, on parle surtout de la chute.

La chute, c'est passer d'un état de communion (être un avec ce qui est, à travers les formes, être un avec l'être qui se manifeste dans le multiple) à un état de consommation. L'expérience est bien décrite dans le Livre de la Genèse, où nous avons le choix entre deux arbres : l'arbre de la connaissance du bonheur et du malheur, l'arbre de la dualité, et l'arbre de vie. Ces deux arbres symbolisent deux modes de relation avec l'instant, avec ce qui est.

L'arbre de la connaissance du bonheur et du malheur est, chez les Anciens, l'arbre de la *connaissance égocentrée*, je vois les choses par rapport à moi, par rapport à ce paquet de mémoire que j'appelle *moi* : « Ça me plaît ou ça ne me plaît pas... »

Ça me plaît parce que cela réveille en moi une ancienne mémoire plaisante, ça ne me plaît pas parce que cela réveille en moi une certaine mémoire déplaisante. Le monde de l'attraction-répulsion, symbolisé par l'arbre de la connaissance égocentrée, l'arbre qui voit les choses à partir de mes projections, de mes mémoires, cet arbre-là c'est le monde de la chute, de la souffrance.

Mais à côté de cet arbre, le texte de la Genèse nous rappelle que nous avons la possibilité d'entrer dans un autre mode de connaissance : *théocentrée*, symbolisée par l'arbre de vie ; je ne vois pas les choses par rapport à moi, par rapport à mes mémoires, je vois les choses à partir du Soi, à partir de l'Etre qui est en moi. Que cela me plaise ou non : « Cela est. »

Ce thème sera repris par le Christ lorsqu'il dira : « Ne jugez pas. » Ne pas juger, c'est ne pas juger *à partir du moi*, c'est voir les choses *à partir du Soi*, de l'Etre, c'est passer de l'arbre de la dualité à l'arbre de la connaissance de *l'être tel qu'il est.*

L'arbre de vie, c'est notre vraie nature.

Il y a des moments dans nos vies où l'on voit les choses « sans mémoire », ce qui ne veut pas dire que l'on soit amnésique : cela signifie qu'on a le regard de l'innocence.

Ce qui est est, ce qui n'est pas n'est pas.

Ceci est d'ailleurs une parole commune au Christ et au Bouddha. Lorsqu'on demande au Bouddha : « Qu'est-ce que le *nirvâna* ? » il répond : « Ce qui est est, ce qui n'est pas n'est pas. » Dans l'Evangile il y a une parole que l'on traduit généralement par : « Que votre oui soit oui, que votre non soit non. » Si l'on regarde le texte d'un peu plus près, par exemple dans l'une des traductions de la Vulgate, il est écrit en latin : « *Est est, non est non est.* » Ce qui est est, ce qui n'est pas n'est pas, et le Christ ajoute :

« Tout ce qu'on dit de plus vient du mauvais » (certains traduisent « vient du mental »). Tout ce qu'on dit de plus n'est que surimposition. Ce qui est est, ce qui n'est pas n'est pas. C'est cela qu'il s'agit de retrouver, cette communion avec ce qui est.

Cela nous éloigne un peu des oppositions entre matérialisme et spiritualisme. Jésus disait : « Que la matière vienne dans l'espace-temps à cause de l'esprit, c'est une merveille, mais que l'esprit naisse de la matière, ça aussi c'est une merveille de merveille. Mais ce qui m'étonne, c'est comment cet esprit et cette matière peuvent être ensemble. » Selon l'Evangile de Thomas, avec ce *comment*, Jésus renvoie dos à dos matérialistes et spiritualistes.

Que la naissance de la matière soit une dégradation de l'esprit, un refroidissement de la lumière, la matière étant à la vitesse la plus lente de la lumière, c'est une explication. Expliquer l'Esprit par une complexification de nos synapses, par une complexification de la matière, voilà une autre explication ; une explication matérialiste et une explication spiritualiste.

Mais ce qui est important c'est comment on tient les deux ensemble, comment nous vivons cette présence de l'espace dans la forme, la forme dans le sans-forme : voilà l'aventure qui nous est proposée, l'aventure de la non-dualité.

L'espace qui est à l'intérieur de la cruche est celui qui remplit tout l'univers, comme le dit le proverbe. Soyons le Graal qui accueille cet espace.

Echos : Le moine et le samouraï

F.S. : Parmi les vertus, qui sont les remèdes aux maux dont nous parlons, et qui nous aident dans ce processus de maturation spirituelle, figure la patience. Non seulement la patience par rapport aux choses extérieures, mais encore la patience intérieure, cette capacité du non-agir, de la non-réaction, du *laisser* les choses venir. C'est une forme de méditation. Dans la méditation, on apprend cette non-réaction. Ceci me rappelle une histoire zen.

Un moine zen avait été mandaté par un roi pour acheminer une lettre, et pour ce faire, le moine devait passer sur un pont où se tenait un samouraï terrible qui tuait tous ceux qui tentaient de le franchir. Le samouraï avait déjà tué une centaine de personnes, n'en ratait aucune et donc n'en était pas à une près. Le moine, tenant la lettre à la main, se dit : « Le roi m'a demandé de porter la lettre, il faut que je le fasse, c'est ma mission, ma vocation, j'ai donné ma parole. Et ce samouraï-là est terrible, il tue tous ceux qui passent ; donc, je vais mourir ! » Alors, le moine est allé voir un sage qui lui a dit : « Maintenant, en effet, tu sais que tu vas mourir. La seule chose que tu puisses faire en arrivant sur le pont, c'est de fermer les yeux, de baisser la tête et d'attendre que le samouraï te la tranche. A un certain moment, tu sentiras comme un froid qui monte le long de la colonne vertébrale : c'est la mort qui vient. »

Le moine arrive au pont, s'avance, voit le samouraï venir vers lui puis s'arrête, baisse la tête et reste ainsi. Le samouraï ne comprenant pas l'attitude de ce moine immobile, tête baissée, se mit à tourner autour de lui, imaginant quantité de feintes pour le faire réagir. Au bout d'un long moment, complètement épuisé, le samouraï finit par dire au moine toujours immobile : « Je n'avais jamais rencontré un maître comme vous ; s'il vous plaît, acceptez-moi comme disciple. »

Echos : Le bouffon et les voleurs

F.S. : Nasrudin et sa femme dormaient paisiblement quand tout à coup ils entendirent beaucoup de bruit à l'extérieur de leur maison. L'épouse de Nasrudin lui dit : « Va voir ce qui se passe dehors !

– On est bien ici, on est tranquilles, pourquoi veux-tu que j'aille voir ce qui se passe dehors ?

– Va voir quand même, on ne sait pas ce que c'est que tout ce bruit. »

Elle insiste tellement que Nasrudin se lève, met sa couverture sur son dos et sort. Dès qu'il est arrivé hors de sa maison, des brigands lui sautent dessus, lui prennent sa couverture et s'en vont.

Nasrudin revient tranquillement dans la maison et se recouche.

Sa femme lui demande : « Qu'est-ce que c'était ? » Et Nasrudin répond : « Rien, seulement des gens qui voulaient ma couverture » !

Cette histoire de Nasrudin, ce soufi bouffon et excentrique, nous invite à développer en nous cette capacité de non-agir, de non-réaction à ce qui nous sollicite sans cesse, à nos émotions, à nos pensées. A acquérir progressivement la possibilité de voir les choses telles qu'elles sont et non pas d'être pris dans cette ronde de cause à effet, sans avoir le recul, la lucidité nécessaires.

3.

La thérapie sacrée selon l'Evangile de saint Jean

JEAN-YVES LELOUP

Le prologue de Jean

Au commencement : le Logos
le Logos est vers Dieu
le Logos est Dieu
Il est au commencement avec Dieu
Tout existe par Lui
sans Lui : rien
De tout être Il est la vie
la vie est la lumière des hommes
La lumière luit dans les ténèbres
les ténèbres ne peuvent l'atteindre
Paraît un homme envoyé de Dieu
Iohanân est son nom
Il vient comme Témoin
pour rendre témoignage à la Lumière
afin que tous y adhèrent avec lui
Il n'est pas la lumière
mais le témoin de la Lumière
Le Logos est la lumière véritable

qui éclaire tout homme.
Il est dans le monde,
le monde existe par lui,
le monde ne le connaît pas.
Il vient chez lui,
les siens ne le reçoivent pas.
Mais à tous ceux qui le reçoivent,
à ceux qui croient en son Nom,
Il donne d'être enfants de Dieu.
Engendrés
ni du sang,
ni de la chair,
ni d'un vouloir d'homme,
mais de Dieu.
Le Logos a pris chair.
Il a fait sa demeure parmi nous*.

Pour le Nouvel An comme pour Noël, dans la tradition chrétienne on a coutume de psalmodier le prologue de saint Jean. Pour les chrétiens, ce prologue, où il est question de l'origine, est comme un résumé des Ecritures. La première noble vérité du Bouddha parle, on l'a vu, de l'exil de l'état primordial, de cette absence dans laquelle on peut se trouver. Finalement, il n'y a que deux temps : le présent et l'absent. On peut vivre au présent, on peut vivre dans l'absent.

Et il y a cette présence-là, à l'origine, *en arké*, au

* *L'Evangile de Jean*, traduction et commentaire de Jean-Yves Leloup, Albin Michel.

commencement. Il ne s'agit pas de l'origine qui signifie « début » : tout ce qui a commencé finira et tout ce qui n'a pas commencé ne finit pas. Il s'agit ici de l'origine telle que nous pouvons la vivre à chaque instant. Qu'est-ce qui est à l'origine de ma pensée, de mon souffle, de mes émotions ? Quelle relation avons-nous avec l'origine ?

Le premier verset du prologue de saint Jean, *en arké*, est la traduction du premier verset de la Genèse – en hébreu *béréchit*. Vous remarquez que le mot *béréchit* commence avec la deuxième lettre de l'alphabet, *beth*, et les enfants demandent : « Mais pourquoi est-ce la deuxième lettre de l'alphabet qui est au commencement ? Avant avant, qu'est-ce qu'il y avait ? »

Avant la lettre *beth* il y a la lettre *aleph* qui est l'inconnaissable, l'innommable. Dès que l'on parle de commencement, on est dans le temps, dans l'espace-temps, et cet espace-temps lui-même a une origine plus profonde, innommée, innommable, incréée et de cet incréé naît toute chose.

Lorsque je me pose la question de savoir « ce qui est, qui je suis », je découvre en moi-même une information qui provient du sans-forme et qui me donne mon sens. En hébreu, la parole créatrice se dit *davar* et ce mot implique qu'il y ait une relation ; on pourrait dire : « Au commencement est la relation », car pour qu'il y ait quelque chose il faut qu'il y ait une interdépendance, une relation entre l'incréé et le créé, entre le manifesté et le non-manifesté.

Tout le rôle d'une thérapie sacrée sera de garder

la mémoire de cette Origine, de se souvenir de ce Centre, de ce lieu d'où nous vient le Souffle, d'où nous vient l'intelligence, d'où nous vient la vie.

Il faut rester « orienté » vers Cela !

Le deuxième verset du prologue est très important : en effet, si l'on plonge dans la source, dans le principe, dans l'origine, on découvre cette pensée qui informe toute chose, cette intelligence créatrice, l'intelligence qui est en nous et l'intelligence qui est dans l'univers ne sont pas séparées.

Il y a des moments où notre intelligence entre en résonance avec l'intelligence de l'univers et nous découvrons que cette intelligence est *pros ton theon*, littéralement « tournée vers Dieu ».

Quand je dis « Dieu », je parle de cette lumière que je ne vois pas mais qui me permet de voir. Je parle de cette pensée que je ne peux pas penser mais qui me permet de penser. Je parle aussi de cet amour qui n'est pas quelque chose à aimer mais qui me permet, qui me rend capable d'aimer, lumière qu'on ne voit pas mais qui est l'espace dans lequel nous pouvons nous voir ; « le logos est orienté vers le Théos ». Et c'est là l'étymologie grecque du mot « Dieu », ce mot *Théos* que l'on retrouve dans le mot « théorie » qui, à l'origine, signifiait « contemplation », « vision ». Quand je parle de Dieu, je parle d'une certaine lumière, d'une certaine vision de la lumière.

Le Théos est cette capacité de voir la lumière, c'est-à-dire que le logos, cette intelligence qui nous habite, qui nous informe, est orienté vers la vision, vers l'Eveil.

Ainsi, quand je pose la question « qui suis-je, qu'est-ce qui est ? », je découvre cette intelligence qui m'informe et cette intelligence est une orientation : je suis orienté, ou je suis désorienté ! Pour les anciens thérapeutes, la source de la maladie est la perte de notre orientation, de notre orient ; c'est la perte de l'orientation de l'intelligence et du désir.

Il ne s'agit pas tant de détruire le désir ; il s'agit en fait de lui redonner son orientation vers la lumière, vers le Théos, vers la vision. Et là, on retrouve bien sûr l'étymologie du mot « péché ». En grec, le mot *hamartia* signifie « viser une cible et tomber à côté » : être en état de péché, c'est être à côté de son axe, viser à côté de la cible, c'est être dans un désir désorienté : avoir perdu l'orientation du logos vers la lumière. Etre en état de péché, c'est avoir perdu en nous l'orientation de l'intelligence du cœur de toutes nos forces vitales, pulsionnelles vers la connaissance de cette lumière qui est à l'Origine.

La thérapie consistera à nous faire revenir dans notre axe. Lorsque nous sommes désaxés, nous avons perdu notre arbre de vie, notre centre vital, notre orientation ; il s'agit alors de passer de l'arbre de la dualité – bonheur-malheur, attraction-répulsion – à l'arbre de vie.

Chez les Anciens, on parlait de retrouver le « bon sens des arbres », le bon sens de l'arbre qui est profondément enraciné et en même temps tourné vers la lumière. Double mouvement : nous sommes à la fois poussés vers la hauteur, vers la lumière et en même temps enracinés dans la profondeur.

C'est pour cette raison qu'une spiritualité qui ne ferait que « monter », qui n'aurait pas le mouvement d'enracinement risquerait de nous faire « décoller » de la réalité, et une spiritualité qui ne tendrait qu'à l'enracinement en oubliant cette montée de sève vers la lumière, cette spiritualité-là nous priverait d'Espace.

L'arbre de l'Eveil qui est en chacun de nous, notre arbre de vie, notre colonne vertébrale, anime ce double mouvement : vers la matière et vers la lumière. Une double poussée de la sève : vers l'espace et vers l'incarnation.

Au commencement : le logos, le Principe, l'énergie créatrice, information orientée ; par la thérapie sacrée, il s'agit de se remettre dans cette orientation, dans cette danse tournée vers le Théos, vers la Vision, vers l'Eveil.

Il nous est précisé également que « tout existe par le logos, tout existe avec lui et sans lui rien n'existe ». On retrouve ici un élément important de la tradition chrétienne : la non-substantialité, l'évanescence de toute chose.

Dans le bouddhisme, on parle beaucoup de l'« impermanence de toute chose » considérée comme une vérité fondamentale : tout est impermanent, ce qui est composé sera décomposé. Dans la tradition chrétienne on emploie davantage le mot « évanescence », ce qui nous renvoie à un texte de l'Ecclésiaste où il est dit : « Vanité des vanités », que l'on pourrait traduire littéralement par : « Buée de buées, tout est buée ». Dans la tradition des Prophètes, lorsqu'on pose la question : « Qu'est-ce que le monde ? », la réponse est : « Une goutte d'eau au bord d'un seau que le soleil vient évaporer ».

L'impermanence, la fugacité, l'évanescence de toute chose ne constitue pas du tout un mépris de la matière, du corps ou du monde. Au contraire, ceci est le rappel que si les choses sont fragiles, transitoires et passagères, elles n'en sont que plus précieuses. « Souviens-toi que tu es poussière et que tu retourneras à la poussière ! Et souviens-toi que tu es lumière et que tu retourneras à la lumière. »

La poussière est le lieu où la lumière est manifestée et il faut se rappeler que cette matière, ce corps, ce monde n'ont pas d'existence par eux-mêmes. C'est ce que Maître Eckhart voulait dire en affirmant : « Toutes les créatures sont un pur néant. » Il est toujours dangereux de sortir les paroles de leur contexte ! Maître Eckhart fut condamné pour ce commentaire du prologue de saint Jean. Toutes les créatures sont un pur néant : ceci nous rappelle que le monde n'a pas d'existence propre par lui-même. Le monde est « informé » et, sans cette information, sans ce souffle, sans ce pneuma qui informe toute chose, tout retourne à la poussière.

On peut lire dans le livre des Psaumes : « Tu retires ton souffle, et tout retourne à la poussière. » Il s'agit de sentir en nous-mêmes, à la fois cette évanescence, buée de buée, ce paquet de prétentions que nous sommes, et la pure lumière, la Claire Lumière.

Plus les choses sont réelles, solides, plus elles nous échappent. Ce que l'on saisit, c'est uniquement ce que nos instruments saisissent : nos instruments conceptuels, affectifs et scientifiques. Mais le réel est toujours plus que ce que l'on peut en saisir.

Sans Lui, rien n'existe
En Lui, tout existe.

De sorte que l'on ne peut rien idolâtrer : ni un être humain, ni un concept, ni une religion, ni une tradition puisque tout cela n'a pas d'existence en soi. En même temps, on ne peut rien mépriser puisque tout ce qui existe est habité par le logos.

Nous sommes là dans une voie que l'on pourrait appeler la Voie du Respect. Toute chose est infiniment respectable non pas parce qu'elle est l'absolu, mais parce qu'elle est une manifestation de cet absolu. Chaque manifestation est une émanation, une épiphanie (*phanein* : qui fait briller), c'est-à-dire une matière qui manifeste, qui rend visible l'invisible.

La lumière ne se voit pas par elle-même : nous avons besoin du brouillard pour la voir. Plus la lumière est pure, moins on la voit. Plus notre expérience de la profondeur est vaste, moins elle se sent, elle est au-delà de toute sensibilité.

Donc, la thérapie sacrée doit nous permettre de retrouver notre Orient, notre orientation intérieure, notre boussole intérieure. Une vie qui n'a pas de sens est une vie qui n'a pas de centre ; la thérapie sacrée nous fait retrouver notre centre.

Dans la vie spirituelle, les écrits sont utiles pour préparer le voyage, mais lorsque l'on est au cœur même de l'action, au cœur du voyage, ce dont on a vraiment besoin c'est une boussole, un cœur orienté vers la lumière, un cœur qui cherche la lumière même dans l'obscurité.

La vie est la manifestation même de l'Etre et, en devenant plus vivant, on comprend mieux où l'on va. L'important est d'incarner de plus en plus le mouvement de la vie. De quelle vie, me direz-vous ? Pas simplement la vie des sens, pas simplement la vie intellectuelle, mais la vie du Vivant lui-même : vivre pour vivre. Cela me rappelle cette histoire :

Un jour Maître Eckhart rencontre un clochard, un mendiant qui n'a vraiment rien pour être heureux et qui pourtant respire la sérénité. Maître Eckhart lui demande : « Pourquoi ? » Le mendiant lui répond : « Sans "pourquoi" ; je vis parce que je vis ; la rose fleurit parce qu'elle fleurit, sans "pourquoi". »

Il y a des moments dans nos vies où l'on est parce que l'on est ; on vit parce que l'on vit. Sans « pourquoi ». On ne cherche plus d'explication, de réponse. C'est la vie elle-même qui répond en nous. Nous sommes centrés, orientés : nous sommes en bonne santé. D'ailleurs, en grec, pour désigner la santé et le salut, on emploie le même mot : *sotéria*. Et lorsque Jésus dit : « Ta foi t'a sauvé », ou « Ta foi t'a guéri », c'est le même mot qui est utilisé.

En hébreu, le salut et la santé se traduisent par « respirer au large, respirer profond ». Ainsi, dans la pensée hébraïque, la maladie est un blocage du souffle. C'est une idée que l'on retrouve chez les anciens Chinois : la maladie est blocage des énergies.

Le rôle du thérapeute, que ce soit par acupressure ou par une autre technique, sera de débloquer, de permettre à la vie de circuler à nouveau, de permettre à cette énergie du vivant de circuler dans tous les espaces de notre corps et de notre Etre. Il nous est dit que cette vie est lumière et plus l'on regarde une chose de près, plus on s'approche de la matière, plus on découvre en effet que cette matière est une certaine longueur d'onde de la lumière, de cette lumière qui habite toute forme. Et la forme disparaît dans l'invisible qui l'entoure.

C'est le sens de l'auréole des saints, des Bouddhas comme on peut les voir ici. Cette auréole n'est pas simplement l'aura, le rayonnement électrique de quelqu'un ; c'est le rappel que la matière est habitée par la lumière.

A l'origine, dans la tradition chrétienne, on représentait le corps enveloppé de lumière, entièrement nimbé de lumière. Il en était ainsi dans les anciennes icônes. Et puis, peu à peu, ce nimbe est devenu simple auréole autour de la tête puis une sorte de galette sur la tête. Derrière l'histoire de l'art on découvre toute la théologie d'une époque : lorsque l'auréole, la grâce, la lumière est devenue une sorte de petite galette au-dessus de la tête, cela signifie que l'expérience de la grâce ne fait plus partie de la nature, elle n'informe plus le corps tout entier.

La distinction entre nature et surnature n'existait pas au début du christianisme, elle est apparue dans les premières années du XVIe siècle avec la naissance de la subjectivité dans laquelle le moi humain est coupé du cosmos, coupé des racines mêmes de la vie. A ce moment-là, la grâce se voit réduite à un petit chapeau qui nous tombe dessus. Auparavant, nous avions la grâce de vivre, d'exister, de penser et surtout la grâce d'aimer qui n'était ni un effort, ni un devoir, ni un miracle, mais le don qui constitue l'homme comme vraiment humain.

Ce qui est remarquable, ici, c'est de pouvoir se comprendre et d'appartenir à des traditions, des cultures, des expériences différentes.

La parole est aussi constituée par l'oreille de l'autre. Il ne s'agit pas de s'empoisonner l'esprit avec des mots, il s'agit d'aller là où les mots nous emmènent, c'est-à-dire dans l'expérience, l'expérience de la lumière dans un corps, dans une matière. Cette lumière est vie et la vie est lumière.

C'est ce que le prologue de saint Jean nous rappelle. Pour les Anciens, le prologue était employé comme un *pharmacoï*, un médicament, un rappel. Car le problème est que l'on vit dans l'oubli, l'oubli de l'être. On vit dans l'absent et non pas dans le présent.

« Au commencement le Logos » et le Logos est tourné vers le Théos ; le simple fait de me rappeler, cela me recentre, me réoriente, et je reprends contact avec la vie. Je fais appel à la lumière. Le signe qu'il y a une vraie lumière en nous, c'est qu'elle nous montre notre ombre.

« La lumière luit dans les ténèbres, les ténèbres ne peuvent l'atteindre ». La lumière a besoin de la matière pour devenir phénomène. On ne peut pas saisir la lumière, on ne peut pas l'atteindre. Il est important que Dieu ne puisse être saisi ; Dieu, on ne l'aura pas ! La vérité, on ne l'aura pas non plus ! Les gens qui disent avoir la vérité sont des gens dangereux. C'est au nom de la *vérité* que l'on *a* qu'on peut tuer.

Jésus n'a pas dit : « J'ai la Vérité », mais : « Je suis la Vérité ». Le Bouddha non plus n'a pas dit : « J'ai l'Eveil » mais : « Je suis l'Eveillé ». *Avoir* la vérité n'est pas intéressant ; ce qui est intéressant, c'est d'*être vrai*. En cheminant, on a de moins en moins de vérités, mais je crois que l'on devient de plus en plus vrai. On se raconte de moins en moins d'histoires, on sort de plus en plus du mensonge.

Lorsque Jésus dit : « Je suis la Vérité », le mot employé pour désigner la vérité est le mot grec *aletheia* qui se traduit littéralement par « sorti de l'oubli », sachant que la racine *leth* donnera le mot « léthargie ».

Jésus dit donc qu'il est sorti du sommeil, de l'illusion. Si donc cette étymologie vous convient vous pouvez traduire cette parole de Jésus par « Je suis l'Eveillé ». L'expérience de la Vérité est une expérience de l'Eveil, de vigilance.

L'illusion consiste à prendre l'Eveil, le nirvâna, la

Vérité pour un état de conscience particulier. L'Eveil, la Vérité, c'est ce qui est au cœur de tous les états de conscience.

Ici, en Inde, dont nous respectons les traditions, on distingue les quatre plans de conscience : d'abord le plan de la conscience diurne, avec les mots et les concepts. Puis, le plan de la conscience de rêve, conscience encore dépendante des lieux et de l'espace, parce qu'en rêve on peut être dans plusieurs endroits à la fois.

Puis vient la conscience du sommeil profond qu'aimait tant ce grand voyant qu'était Ramana Maharshi (la racine *rshi* signifiant la « vision »). Ramana Maharshi qui, comme les *nabi*, les prophètes, entrait dans la vision de la Claire Lumière, disait : « Où étiez-vous dans votre sommeil profond ? Où était votre douleur ? Où sont vos questions lorsque vous dormez profondément ? »

Le quatrième état, le *Turia* – terme intraduisible –, n'est pas un état de conscience particulier mais rassemble tous les états de conscience à la fois, celui qui est centré dans cet état de *Turia* pourra parler. À moins qu'il ne fasse vœu de silence.

Celui-là peut parler, mais il ne va pas idolâtrer les mots car il sait bien que ceux-ci ne sont qu'un écho très lointain de l'expérience et du silence. Mais c'est agréable de pouvoir se parler, essayer de se comprendre, agréable de pouvoir chanter, de pouvoir célébrer ensemble.

Celui qui est dans l'état de *Turia* emploiera aussi

le langage des rêves, des paraboles ; une image, une parabole parle non seulement à la conscience, mais cela parle aussi à notre inconscient.

C'est pour cette raison que ce que dit le Sage est compris dans l'instant mais on peut également le comprendre après, longtemps après. Il faut le temps que l'image, la parabole fasse son chemin et puis, tout à coup, on comprend.

L'Eveil n'est pas un état de conscience particulier, la vérité n'est pas celle que l'on a. Si, par exemple, Lama Denys, Faouzi Skali et moi-même nous mettions à parler de la vérité que l'on a, cela se passerait mal parce que chacun aurait raison, mais il n'aurait *que* raison.

Il y a la vérité que l'on a et la vérité qui nous manque ; il y a le dieu que l'on a et il y a le Dieu qui nous manque. Je ne crois pas que l'on puisse se mettre d'accord sur ce que l'on a, même sur ce que l'on a en commun parce que l'on a différentes façons de prendre ce que l'on a en commun. Mais nous pouvons nous mettre d'accord sur ce qui nous manque : sur la Vérité qui nous manque, sur l'Eveil qui nous manque, sur le Bonheur qui nous manque, sur la Justice qui nous manque.

La lumière nous est donnée au cœur des ténèbres et tout chemin qui veut aller vers la lumière en faisant l'économie des ténèbres risque fort d'être une illusion. Il s'agit de voir ce qui ne va pas en y posant un regard de lumière.

Nous avons tous une étincelle, un moment de

clarté, et c'est à partir de ce qui est sain en nous que l'on va pouvoir guérir. C'est pour cette raison qu'un thérapeute, un médecin qui ne voit que la maladie est souvent conduit à une impasse.

Le thérapeute qui voit ce qui est sain n'est pas dupe des symptômes, des causes, des enchaînements de causes et d'effets. C'est à partir du regard tourné vers le bien, le beau, vers la lumière, que la guérison peut s'entreprendre. Par cette attitude, le thérapeute rend sa liberté à la personne malade.

Regardant le mendiant, on voit le roi.

Voir la dignité du mendiant, c'est la lui rendre.

Regardant la maladie, on voit la santé et c'est à partir de la santé que l'on peut entreprendre la guérison, avec la thérapeutique qui convient.

Lorsque au cœur des ténèbres, au cœur des symptômes de la maladie se produit cette orientation de notre être vers la lumière, c'est ce mouvement-là que l'on appellera notre liberté. Nous montons vers la lumière par des actes de liberté, car nous pouvons aussi fermer nos volets à la lumière et dire qu'elle n'existe pas. Mais cela n'empêche pas la lumière de briller.

Certains disent que Dieu n'existe pas ; cela n'empêche pas la réalité que l'on met derrière ce mot d'exister. Tout chemin initiatique consiste à retrouver la mémoire de la lumière au cœur des ténèbres, à nous approcher non pas de la vérité que l'on a mais de la vérité que l'on est. Entre deux personnes qui sont vraies, il n'y aura jamais de problèmes.

La beauté en tout

C'est l'histoire d'un guru, d'un père spirituel qui agace ses disciples parce qu'il voit toujours la beauté qui est dans les choses et les êtres. Un jour, un disciple dit aux autres : « On va mettre sur son passage le cadavre d'un vieux chien et on verra bien s'il trouve ça encore beau ! » Les disciples placent le cadavre d'un chien sur la route et attendent. Le sage arrive, se penche sur le cadavre du chien et s'exclame : « Oh, vous avez vu comme il a de belles dents ! »

Quel que soit notre état de souffrance, de maladie, de difficulté, de perplexité, il faut se souvenir qu'en nous il y a toujours quelque chose qui va bien. C'est la pratique des anciens thérapeutes.

Rappelons-nous les thérapeutes d'Alexandrie : lorsqu'on dit qu'ils prennent soin de l'être, de quelqu'un, il faut entendre que prendre soin n'est pas guérir : c'est la nature qui guérit, c'est la vie qui guérit.

Le thérapeute prend soin, il crée les conditions pour que la guérison puisse advenir, mais il ne guérit pas. Jésus ne dit jamais : « Je t'ai guéri », mais : « Va, ta foi t'a sauvé. »

On pourrait dire : « Tu fais un transfert, tu te sers de moi pour te guérir, tu projettes sur moi le Soi et dans cette ouverture, dans ce don que tu fais de toi-même, tu vas aller au-delà de tes symptômes, de ta maladie et le processus de guérison va s'enclencher. C'est ta foi qui te guérit. »

Puis il nous est aussi rappelé qu'un homme est témoin. Il n'est pas la lumière, il est le témoin de la lumière. Il est donc intéressant de bien observer le rapport que nous pouvons avoir à l'égard de ce qui nous aide sur le chemin. Ce n'est pas la lumière mais le témoin de la lumière. Si l'on prend le témoin de la lumière pour la lumière elle-même, on retombe dans l'idolâtrie.

Jean-Baptiste est vraiment l'archétype du thérapeute ; lorsqu'on lui demande : « Qui es-tu ? » il répond : « *Non sum* », c'est-à-dire : « Je ne suis pas celui qui doit venir, le Messie. » Dans la tradition, on le compare à la lune qui n'est pas source de lumière mais qui reflète la lumière.

Un maître spirituel qu'on l'appelle *lama*, *roshi* ou autre, n'est pas la lumière, mais le témoin de la lumière qui invite chacun à se tourner vers la lumière. Et il est bon de se rappeler que *panta ton anthropon*, que la lumière est en tout homme (Dieu merci !) : l'amour n'est pas réservé aux chrétiens, la Claire Lumière n'est pas seulement pour les bouddhistes ni la justice pour les seuls musulmans. Quelle que soit la croyance, il n'y a pas d'autre Réalité que la Réalité, tout homme est habité par la lumière.

Il est bien dit que *tout* homme est habité par la lumière : on ne distingue pas ceux qui ont la vérité, la lumière, et ceux qui ne l'ont pas. C'est pour cela qu'une parole comme « hors de l'Eglise point de salut » est une parole folle. C'est d'ailleurs une parole tardive, prononcée par un jésuite à une certaine époque et qui est considérée par la grande tradition comme une hérésie.

Souvenez-vous de ce que disait saint Augustin : il y a des gens qui sont dans l'Eglise mais qui, par leur comportement, sont complètement en dehors du Christ.

Et l'on rencontre des personnes qui sont en dehors de l'Eglise, qui n'appartiennent à aucune tradition et dont le comportement est empli de lumière, d'intelligence, de patience et de compassion. Ceux-là sont au cœur même du Vivant et de la communauté des vivants.

Le Logos est la lumière véritable qui éclaire tout homme venant en ce monde ; mais nous avons la possibilité de nous fermer à la lumière. C'est là quelque chose d'étrange.

L'amour n'est pas aimé, nous n'aimons pas être heureux, nous n'aimons pas la vie. Pourquoi ?

S'offre alors la possibilité de l'exercice, de l'ascèse car il s'agit que cette quête vers la lumière soit aussi notre affaire. « Dieu ne nous sauve pas sans nous. » De même, la médecine ne nous guérit pas sans notre volonté de guérir. « Si tu veux ! » dit une parole de l'Evangile : si tu veux, tu peux. Si tu ne veux pas, rien ni personne ne peut t'obliger à guérir, à aimer.

Personne ne peut nous obliger à aimer, autrement ce ne serait plus l'amour. Personne ne peut nous obliger à croire : en effet ce serait ridicule. Tout prosélytisme est une aberration car si on force quelqu'un à se convertir, il n'y a plus de liberté donc plus d'amour. L'amour et la liberté ne peuvent être séparés.

Si tu ne veux pas faire l'expérience, c'est que ce n'est pas le jour. Il faut savoir attendre, être mûr pour accueillir cette qualité d'Eveil. A ce moment-là, on ne prendra plus ses illusions pour la réalité, ses petits plaisirs pour le grand bonheur, son petit confort pour la grande santé. Il existe une autre qualité de vie, une autre qualité de conscience, plus précieuse, plus savoureuse, mais... si tu veux !

Le texte du prologue de saint Jean nous rappelle que lorsqu'on est thérapeute, il s'agit de ne jamais forcer, ne jamais violenter, mais d'inviter à cet Eveil, à cette expérience. Et ceux qui le veulent découvrent alors qu'ils ne sont engendrés ni du sang, ni de la chair, ni d'une volonté d'homme, mais qu'ils sont engendrés de « l'Etre qui est ce qu'il est ». YHWH lui-même.

Ceux qui le veulent découvrent qu'ils sont non seulement les fils de leurs parents mais aussi les enfants de la lumière. Il faut savoir accepter que nous sommes les enfants de nos parents : *Tat wam asi*, « tu es cela ».

Tu es cela c'est-à-dire fils de tes parents, fils de la société, fils de la culture. Nos rêves appartiennent à une certaine culture, à une certaine tradition, cela il ne faut pas le nier.

Il est donc nécessaire d'être lucide. Nous l'avons tous remarqué, moins on accepte nos parents, plus on leur ressemble. Pour certains, il est facile d'accepter ses parents, pour d'autres, cela est plus difficile.

Et pourtant, tout commence par là : accepter la forme, la cruche que nous sommes avant de l'ouvrir à l'infini de l'espace qu'elle contient. Savoir accepter notre karma, car on ne peut dépasser que ce que l'on a accepté.

C'est là aussi un grand sujet développé par les anciens thérapeutes : n'est sauvé que ce qui est accepté, que ce qui est assumé. Toute chose qui n'est pas acceptée est refoulée. Or, nous ne sommes pas sur une voie de refoulement ni de mépris. Mais nous sommes sur la voie du oui, du oui à ce qui est. Ne peut être dépassé que ce qui est accepté.

Ceci est également vrai dans le domaine de l'astrologie : un thème est fait pour être dépassé. Nous ne sommes pas conditionnés par notre thème. Un bloc de marbre n'est pas conditionné pour rester un bloc de marbre : grâce au travail du sculpteur, il peut devenir un merveilleux Bouddha ou une merveilleuse représentation du Christ. Mais c'est toujours du marbre. Ce n'est pas notre faute si nous sommes du marbre ou de l'argile, ou bien nés en Inde, en Chine, au Tibet, en France... On a les parents que l'on a. Mais que va-t-on faire de cela ? C'est notre affaire. Donc l'homme est un mélange de nature et d'aventure. Notre aventure, c'est la forme que l'on va donner à la matière. Tout le monde est conditionné et en même temps il y a en nous de l'inconditionné : la pure Béatitude, la pure Intelligence, la Claire Lumière qui habite tout homme.

Il faut donc accepter à la fois la forme et le sans-forme que nous sommes, la cruche et l'infini qui habite cette cruche. Et la thérapie consistera à désencombrer la cruche, à enlever tout ce qui empêche la cruche de contenir la rose ou le lotus qu'elle est appelée à porter.

Il ne s'agit pas de s'inquiéter de savoir à quel moment la cruche sera débarrassée de ce qui l'encombre : tant que nous sommes là, dans cet espace-temps, avec notre passé, eh bien, soyons là ! Et soyons bien là.

Cette conscience de l'espace qui nous habite, c'est le bien le plus précieux ; ce qui ne passera pas, qui n'a pas commencé et qui ne finira pas. C'est l'Espace.

Nous avons juste le temps d'être cruche pour éprouver cet espace, pour éprouver cet infini au cœur de notre finitude.

Et le logos se fait chair, « il fait sa demeure parmi nous ». Il plante sa tente, non pour nous protéger du vent, mais pour abriter le souffle. Nous sommes la tente pour recueillir, pour abriter le souffle. Le temps de vivre est le temps de prendre conscience de ce souffle qui nous traverse, qui nous anime ; le respirer le plus doucement, le plus profondément possible, telle va être notre santé.

Le prologue de saint Jean est donc un texte qui appartient au fondement de la tradition chrétienne et qui récapitule certains éléments de la tradition sémite, une sorte de mémorial : quelques versets, quelques paroles dont on se souvient, dont on fait anamnèse. Et cela a une vertu : c'est un *pharmacoï*, un médicament.

Dans l'état de séparation où nous sommes, il s'agit de nous souvenir de la présence du logos, de la lumière, du vivant, du souffle et faire toute chose avec un petit peu plus de conscience et d'amour.

Ma définition de la spiritualité serait de « faire un pas de plus », un pas de plus à partir du lieu où l'on est, par-delà mon petit *moi*, par-delà cette image que j'ai de moi-même et à laquelle je m'identifie. C'est le pas de la conscience, c'est le pas de la compassion. Chacun a sa façon de marcher, son rythme...

QUESTION : *Vous avez parlé de Dieu comme Lumière, Amour. Est-ce que Dieu est aussi une personne ? Quand on prie, il est plus facile de s'adresser à une personne qu'à une idée. Jésus est-il simplement un Eveillé comme le Bouddha ou est-il vraiment une incarnation de Dieu ?*

J.-Y.L. : D'abord, qu'est-ce qu'une personne ? (*A cet instant précis, le son du gong d'un temple japonais parvient jusqu'à la salle de réunion de Karma Temple.*) Ce gong est intéressant parce que *persona*, c'est ce à travers qui le son passe : une *personne*. Le son de l'Etre passe à travers une forme et, dans ce sens-là, nous sommes des personnes. Le son de la vie, de la présence passe à travers notre forme.

Alors, on peut parler d'une personne première, d'une source à laquelle on peut effectivement se référer. Alors se pose la question du visage. Je pense à Emmanuel Lévinas, ce grand philosophe de la tradition juive qui dit : « Dieu me vient à l'idée à travers le visage humain. »

Le visage humain, c'est-à-dire *persona*, à travers qui le son de l'être, de la présence advient ; c'est à travers un visage que Dieu nous vient, mais qu'est-ce que ce visage ? Le visage a quelque chose d'unique, d'irremplaçable ; il n'y a pas d'autre toi que toi. Or le *toi* suppose une relation, c'est pour cette raison que lorsque vous dites que Dieu est une personne, vous dites que Dieu est relation. « Etre en relation », c'est être en relation avec cette réalité que l'on nomme « personne ».

Mais il est bien certain qu'il ne faudrait pas s'imaginer Dieu comme une personne au sens humain du terme. De la même façon qu'au niveau de la matière il y a la matière prise dans sa matérialité que l'on peut saisir avec nos sens, de même il y a la matière que l'on peut saisir avec *d'autres instruments*, et là la matière a un autre niveau d'être.

La personne peut aussi, selon notre propre expérience, avoir différents niveaux d'être. A un certain moment, j'identifie la personne à ce que j'en vois, à ce que je peux en saisir, en toucher ; puis je vois que c'est le son qui passe à travers la personne, et enfin, je découvre petit à petit que la *personne*, c'est l'Etre comme relation.

Dans le premier verset du prologue de saint Jean, il est bien question de la relation, de cette intelligence en relation avec la source de la Lumière. Dans un premier temps, quand je m'adresse à l'Absolu, je peux effectivement lui donner un visage. Mais « Dieu, nul ne l'a vu, le Fils nous le fait connaître ».

Ainsi, l'Absolu, on ne le connaît que dans le relatif, on ne le connaît qu'à travers une forme humaine. De même, on ne voit pas l'Amour. On connaît l'Amour dans des actes d'amour, à travers un visage. C'est toujours à travers la forme que l'on connaît quelque chose. Il s'agit donc de passer de la forme vers le sans-forme, du sensible vers ce qui est au-delà des sens. C'est cela la fonction de la personne.

En ce qui concerne la personne du Christ, le prologue de saint Jean nous dit : « Il a fait sa demeure parmi nous. » Le Logos a fait sa demeure parmi nous, dans l'espace-temps. Il nous est dit aussi que « nous l'avons vu ». Nous avons vu sa *kabod*, sa gloire, le poids de sa présence, pleine de grâce et de vérité, de don et de vigilance. Présence filiale « monogène », qui lui vient de l'origine, du Père.

Les Pères de l'Eglise disaient : on ne peut pas donner un seul sens au mot « unique ». Il y a le plus grossier, exclusif malheureusement, c'est celui-là qui a prédominé chez quelques chrétiens. Mais il y a un autre sens au mot « unique », qui apparaît lorsqu'on est entré en relation avec ce qui est incarné dans la personne de Jésus de Nazareth : on prend conscience que Jésus est une façon « unique » d'incarner la vie, d'incarner l'amour.

Le Christ est le Christ, le Bouddha est le Bouddha et chacun est une relation « unique » qui manifeste l'intelligence, la lumière, l'amour...

Le Christ est unique dans l'Histoire, de la même

façon que Siddharta Gautama est unique, même s'il y a d'autres personnes qui, d'une autre façon unique, incarnent l'amour et l'intelligence créatrice. Chacun de nous a une façon unique d'être intelligent. L'intelligence de l'un n'est pas l'intelligence de l'autre. Dans ce sens-là, le Christ est unique.

Le sens du mot « monogène », *monogenos*, est que le Christ est l'être *unifié* dans son mouvement vers la source. Si nous sommes honnêtes, nous pouvons dire qu'en ce moment, nous sommes *plurigènes*, c'est-à-dire que nous ne sommes pas unifiés, nous ne sommes pas *un*.

Le Christ, lui, est « monogène » et c'est en ce sens-là que nous sommes appelés à devenir ce qu'Il est, à devenir monogène, à devenir un.

Ici, je reprends volontiers l'histoire du mystique musulman Hallaj qui proclamait : « Je suis la Vérité. » C'est le blasphème par excellence : comment un être qui est fini peut-il proclamer qu'il est l'Eveil ? Comment la finitude peut-elle s'affirmer comme l'infini ? On rejoint là la parole du Christ qui dit : « Avant qu'Abraham fut, Je suis. » Il affirme être la Vérité dans sa finitude et, pour un musulman comme pour un juif, c'est le blasphème.

On ne peut pas se promener dans les rues en disant : « Je suis la Vérité. » C'est notre secret et c'est aussi le secret que le Christ a voulu nous faire partager. Le Christ a dit : « Là où je suis, je veux que vous soyez aussi », c'est-à-dire dans cette filiation, dans cette incarnation, dans cette façon *unique* d'incarner l'amour et l'intelligence. Vous aussi, soyez incarnés d'une façon unique. C'est notre façon *unique* d'entrer en relation avec la source, avec l'origine.

F.S. : A ce sujet, on peut faire un rapprochement à travers la personnalité de Hallaj, le maître de Rûmi. L'orientaliste français Louis Massignon, qui a consacré une thèse demeurée célèbre sur la passion d'Al-Hallaj, fut vraiment très intéressé par ce mystique qui disait : « Je suis la Vérité. » Ce qui, bien sûr, n'est pas sans rappeler les paroles du Christ qui disait : « Je suis la Voie, la Vérité, la Vie. »

Cela nous amène à éclairer à la fois l'unicité et la similarité : il y a similarité entre ces deux expériences (celle du mystique musulman et celle du Christ), et pour parler de l'unicité, on peut dire qu'il y a une façon unique d'être unique. Chez les maîtres spirituels, chez les prophètes, cette unicité, cette façon unique constitue ce que l'on pourrait appeler des portes d'accès, des possibilités d'accès.

Dans la mystique soufie, on trouve l'idée que certains mystiques sont de nature christique et d'autres de nature « mosaïque », d'autres de nature « abrahamique » et ainsi de suite.

Ibn Arabi, grand mystique dans la tradition soufie, a écrit un livre intitulé *Les Gemmes ou les chatons de la sagesse.* Les gemmes ou les chatons représentent la forme sur laquelle on va poser la pierre précieuse : cette forme peut être triangulaire, circulaire, polygonale, etc. ; la pierre précieuse qui est la pierre divine épouse une forme particulière : elle devient triangulaire, ronde, carrée, etc., mais elle est toujours aussi précieuse et sa nature est toujours la même.

Ainsi, il y a des portes d'accès et ces portes sont uniques pour passer à travers cette gemme-là, il faut épouser cette forme, cette forme d'enseignement pour accéder à la Lumière à travers ce chemin. Ce qui explique cette similarité à partir de Jésus ou d'Hallaj, par exemple.

L.D.T. : Je voudrais simplement faire remarquer la suffisance qu'il y a dans cette question qui demande « Jésus est-il simplement un Eveillé comme le Bouddha ou est-il vraiment une incarnation de Dieu ? ». Jean-Yves vient de répondre sur ce qu'est la « personne », précisant bien qu'il ne faudrait pas s'imaginer Dieu comme une personne au sens humain du terme. Ce serait de l'idolâtrie et c'est bien là qu'est le problème, car bien rares sont les personnes qui dépassent ce niveau anthropomorphique et illusoire de la personne. Il a aussi répondu sur le caractère unique de Jésus, l'illusion étant là de comprendre unique, l'unique fils de Dieu, comme le seul, excluant tous les autres. Tout vivant est fils de Dieu, engendré par la réalité absolue, et toute personne qui réalise cet Absolu en mourant à elle-même, réalisant le non-ego comme le Bouddha, devient un avec l'Absolu. Si vous nommez l'Absolu *père*, alors le fils est son prophète, c'est-à-dire son porte-parole, au sens où ce n'est plus Lui qui parle mais le père qui parle en lui. Ceci est tout à fait en rapport avec la vision des trois corps d'un Bouddha.

QUESTION : *Quel est le rapport ou bien la différence entre ésotérisme et secret ?*

J.-Y.L. : En grec, *eso anthropon* signifie l'homme intérieur, l'homme secret, l'intériorité. Et c'est vrai que l'on pourrait dire que le christianisme est l'intériorité du judaïsme, c'est-à-dire la mise en pratique intérieure du judaïsme. Jésus ne fait qu'actualiser, intérioriser chacune de ces paroles qui ont pu être explicitées par Moïse et les prophètes.

De même que le soufisme est l'ésotérisme de l'islam, c'est-à-dire la vie intérieure de cette religion, l'ésotérisme n'est pas une exclusion mais c'est l'intériorité d'une tradition.

Sur le thème du secret, il y aurait beaucoup de choses à évoquer, sans justement le dévoiler. Je crois que nous avons tous un secret, mais c'est un secret pour nous-mêmes : il y a des dimensions de nous-mêmes que nous ne connaissons pas. Par exemple, nous faisons tous certains rêves qui nous parlent, qui nous disent quelque chose, mais qui ne nous livrent pas tous leurs secrets. Nous avons tous notre homme extérieur et nous avons tous, aussi, notre homme intérieur qui est plus secret et que nous n'avons pas fini de découvrir. Et chaque jour on fait un pas de plus vers lui, on fait un pas de plus vers notre secret.

Dans l'Evangile de Thomas, cet ancien texte redécouvert en 1945 à Nag Hamadi, il est dit : « Voici les paroles du secret. » Ce sont les paroles du secret de l'homme, le secret de ce qui nous échappe, le secret de l'espace qui nous habite, et nous sommes en chemin vers notre propre secret.

Dans nos rapports humains, il ne faut pas trahir son secret, ne pas le révéler à quelqu'un qui pourrait en profiter pour affirmer sa puissance.

Jésus a dit : « Ne jetez pas vos perles aux pourceaux. » Si vous jetez vos perles aux pourceaux, ils vont croire qu'elles se mangent mais ils vont se casser les dents dessus. Une perle n'est pas faite pour être mangée mais pour que l'on s'éclaire à sa lumière. Un secret se garde, se respecte ; de temps en temps il est bon de savoir pressentir, deviner le secret de l'autre afin que s'établisse une communication de silence à silence.

Garder la soif

J.-Y.L. : Une personne dit : « C'est Dieu qui fait pousser les roses. » Une autre répond : « Non, ce n'est pas Dieu, c'est le rosier ! » N'oublions pas qu'entre les deux il y a le jardinier ! Certes, il n'y a pas de rose sans la grâce de la pluie, mais la qualité de nos roses dépend aussi du travail que l'on fait pour déblayer le terrain afin que les roses puissent se donner et exhaler leur parfum. On retrouve là l'articulation entre thérapie et voie spirituelle. Le travail de la thérapie est de nettoyer le terrain pour avoir de belles roses. Si la rose ne fleurit pas, ce n'est pas la peine de dire : « C'est Dieu qui ne veut pas faire de belles roses ! », car nous avons aussi notre part, le jardinage, le désencombrement, la compréhension pour laisser place à ce qui est.

Mais il est vrai aussi que certains thérapeutes peuvent nous arrêter, qui ne peuvent pas nous conduire au-delà du point où ils sont arrivés. Il existe un moment important où le thérapeute, sujet supposé écouter et non supposé savoir, dit : « Je vous écoute mais je ne vous entends plus, c'est-à-dire que j'entends quelque chose que je ne peux pas interpréter dans mes catégories. Peut-être y aurait-il quelqu'un d'autre pour vous écouter. » C'est là que pourrait commencer une voie spirituelle.

On rencontre aussi le problème d'enseignements spirituels donnés à des personnes dont le psychisme est abîmé. Il y a en effet des gens qui, psychologiquement, ne sont pas préparés à recevoir l'intensité de certaines expériences et, au lieu de les guérir, cela les déséquilibre davantage. D'où le rôle très important du thérapeute, du maître qui accompagne et qui sait apprécier où en est la personne afin de ne pas lui donner tout de suite certains aliments qu'elle ne pourrait assimiler, digérer.

QUESTION : *Personnellement, je choisis les pratiques qui me conviennent à un moment donné ; si, dans ma tradition, les pratiques ne me conviennent pas, je ne les fais pas. Par contre, si dans une autre tradition une pratique me convient, je l'utilise. Ne serait-ce donc pas contradictoire de choisir une voie, une pratique ?*

L.D.T. : Il y a dans votre question toute la problématique du bon usage d'une vision d'unité dans la diversité. Le point important est d'abord d'avoir une vision et une compréhension de la convergence et de l'unité ultime des différentes traditions authentiques, de leur convergence absolue au-delà des noms et des formes et de leur convergence relative dans un même processus thérapeutique. Il est possible de les reconnaître comme des approches thérapeutiques diverses et variées ; il existe des traitements allopathiques, homéopathiques, phytothérapiques dont la variété et la pluralité sont pour le plus grand bien de la médecine et le confort des différents types de patients.

Si la théologie était toujours présentée comme cela, il y aurait beaucoup moins de problèmes dans le monde.

Néanmoins, il est nécessaire de suivre une thérapie spécifique avec un thérapeute particulier. Le mélange de toutes les thérapies, suivant l'inspiration du moment, n'est pas un traitement recommandé et ne donne pas de bons résultats. Différentes approches ont chacune une méthode et des exigences propres. Si chacune peut guérir dans son approche, le mélange risque d'être inefficace, voire toxique. C'est d'autant plus grave qu'un patient qui serait engagé dans une telle thérapie « perso » risquerait, ce faisant, de se nourrir de l'illusion qu'il est effectivement engagé dans une voie, et par là même risquerait de se priver de la possibilité de s'engager dans une thérapie authentique.

Pour prendre un autre exemple – celui des langues –, on peut parler français, chinois, tibétain ou anglais, mais si l'on commence à tout mélanger, cela produit une grande confusion. Chaque langue a sa cohérence interne et peut véhiculer un message correctement ; si vous parlez au contraire avec un mot de l'une puis un de l'autre et encore un autre d'une troisième, d'une quatrième, etc., vous arrivez à un message incohérent et incompréhensible. Vous ne pouvez pas faire l'économie d'apprendre une langue et de suivre ses règles. Lorsque vous en maîtrisez complètement une, il est ensuite éventuellement possible d'en apprendre une autre. Ce n'est pas nécessaire pour le cheminement personnel, mais cela peut aider à communiquer avec des personnes d'autres traditions.

Le problème est qu'il faut se soumettre à une discipline. La voie demande le dépassement de l'ego. Si, dans le cheminement, celui-ci est à la fois juge de ce qui est bon et remis en question dans son existence même, la situation est naturellement fallacieuse et exposée à toute sorte de déviations.

Chaque fois qu'un obstacle surgit, on se dit : « Oh, ça n'est pas ma voie, ça ne me convient pas, je ferais mieux de faire autre chose. » On change, on innove, on papillonne constamment, dans un jeu d'esquive, d'autojustification et finalement d'auto-illusion. C'est ainsi que l'on peut faire indéfiniment du tourisme spirituel. Etre disciple d'une discipline nécessite d'être discipliné.

J.-Y.L. : Deux images me viennent à l'esprit : d'abord, celle du papillon et de l'abeille. Il y a des gens qui vont d'une conférence à une autre, d'une pratique à une autre : ils papillonnent. C'est intéressant parce qu'on voit du pays, mais ce qui est important c'est de faire son miel. Or l'abeille fait son miel. L'important est de traduire dans sa propre langue ce que les traditions peuvent nous donner. Sommes-nous des papillons ou sommes-nous des abeilles ? Faisons-nous notre miel ? Ce qu'apporte telle ou telle tradition peut en effet approfondir notre sillon.

Intervient maintenant la deuxième image, celle du sillon ou celle du puits. Nous marchons tous, nous creusons tous vers la Source. La Source est une, mais nous avons des puits différents et, lorsqu'on a trouvé son puits, il s'agit de creuser son propre puits.

Le problème vient de ce que, pendant que l'on creuse, on ne voit pas les autres, mais on les retrouvera au fond du puits. Il y a un moment où on papillonne, puis on a trouvé son miel, sa propre langue.

Grâce à l'accompagnement de la tradition et de ses représentants, on va vraiment creuser son puits, sachant que l'on cherche toujours la réalité... il n'y a pas d'autre réalité que la Réalité.

Il est vrai qu'il existe un œcuménisme du « bord du puits ». On pourrait se trouver tous ensemble sur la margelle et chacun remonterait un peu de son eau en disant : « Goûtez comme elle est bonne ! » Ou alors, on peut pratiquer un œcuménisme du « fond du puits », et chacun témoigne de l'eau qui est au fond, chacun est aussi invité à creuser pour trouver son propre puits : la source commune.

Quand notre chambre est obscure, on a besoin de toutes les lumières, de toutes les traditions. Mais il faut traduire ces traditions dans notre propre langue, en faire notre propre miel. Puis creuser notre propre puits, mais cela dépend de notre soif et il y a des jours où l'on a tellement soif que l'on creuse... et l'eau n'est pas loin.

F.S. : Cette question se pose toujours et dans toutes les réunions on la reprend sous des angles multiples. C'est une question d'ordre général, d'ordre théorique parce qu'on va dire beaucoup de choses mais, en définitive, rien ne sera dit. Je pense que les réponses qui pourraient être apportées sont celles qui ont déjà été dites : c'est à la fois une question de discipline à l'intérieur d'une tradition et la question du sens véritable de cette rencontre et de l'œcuménisme.

Je dirais qu'en cette période, au travers de toutes ces rencontres, on réalise qu'au fil du temps une maturation se produit quant à ces questions. A une certaine période, il y avait un engouement pour tout, mais sans véritable discernement, sans véritable réflexion.

Cette attitude peut conduire à une situation dangereuse et cela est connu dans toutes les traditions : ceux qui pratiquent n'importe quoi, n'importe comment peuvent rencontrer des problèmes sérieux du fait même que certaines énergies se manifestent, des forces spirituelles apparaissent, que ces gens-là sont incapables d'orchestrer. Il ne faut pas jouer à l'apprenti sorcier.

Il faut noter aussi que la question se pose de manière différente pour chacun d'entre nous. Parmi vous, ici à Bodhgaya, venus faire ce pèlerinage, il en est qui sont ancrés dans une tradition. Alors, pour eux, comment se pose la question ? Tout en creusant leur puits au sein de leur tradition, ils sont venus à la rencontre d'un éclairage supplémentaire, non pour faire du syncrétisme mais pour se renforcer davantage dans la mesure où leur tradition les nourrit.

Dans ce type de rencontre se dégage effectivement la possibilité d'approfondir un certain nombre de points et ceci, tant pour les conférenciers que pour leur auditoire. C'est ce que j'appelle la *baraka* de la rencontre. D'autre part, il y a des personnes qui sont « en recherche », qui n'ont pas encore choisi de tradition ; il faut savoir accepter d'être « en recherche » même si cela dure longtemps. Il ne faut surtout pas se dire : « Je vais faire de ma démarche une religion en soi. » L'acte de chercher est déjà une recherche spirituelle profonde. Au sein de cette recherche, il faut faire un acte de foi dans le divin.

Quel que soit le nombre d'années que dure la

recherche, il ne faut pas se dire qu'on a perdu dix, vingt ans ou plus, parce que lorsqu'on a trouvé sa voie, ces années-là prennent un sens différent et deviennent comme un humus. Il suffit alors qu'une graine tombe sur cet humus pour qu'apparaissent des fruits magnifiques.

Celui qui est entré dans une tradition n'est pas quelqu'un qui a trouvé : c'est une personne qui est en train de cheminer. Avoir trouvé un chemin n'est pas avoir trouvé ce que l'on cherche. Il ne faut d'ailleurs pas se dire : « Je suis à la recherche d'un chemin, d'une voie », mais : « Je suis à la recherche de Dieu, d'un chemin qui puisse mener à Dieu. » Personne ne peut se dire, qu'il soit ou non dans une tradition : « Ça y est, moi j'ai trouvé ! »

Ce qui est important, c'est le manque, c'est ce qui nous appelle, c'est cette insatisfaction première. Mais il est bon de savoir qu'il y a des écueils aussi bien pour ceux qui sont dans une tradition que pour ceux qui sont encore en dehors.

A ce propos, cela me rappelle une histoire assez récente : il y a une quarantaine d'années, une personne était en recherche d'un guide spirituel mais elle n'en trouvait pas. Un jour, on lui indique quelqu'un qui est un extatique vivant à une centaine de kilomètres. Et cette personne s'est dit : « Comme je ne trouve personne, à défaut d'un guide spirituel, pourquoi ne prendrais-je pas un extatique, un ravi, plutôt que de rester sans rien ? »

Donc, elle va à la rencontre de ce ravi, un homme hirsute qui vivait seul. Bien que tout le monde sût que c'était un saint, il faisait quand même un peu peur. Tous les jours, la personne en recherche d'un guide tournait autour du ravi sans oser lui parler puis s'en allait. Un beau jour, le ravi l'interpelle et lui dit :

« Qu'est-ce que tu veux ?

– Je voudrais avoir du *dhikr*, je voudrais être initié. »

Et le ravi lui répondit :

« Pourquoi, tu veux devenir fou ? »

La personne dit à l'extatique :

« Est-ce qu'il n'est pas déjà fou celui qui est dominé par l'ego ? »

Alors le ravi se mit à rire et dit :

« Ecoute-moi, va chez toi, ne t'occupe plus de chercher un guide ; reste chez toi et tu verras un guide venir vers toi, tu trouveras alors ton chemin. »

Elle rentra chez elle et attendit trente-cinq ans. Et chaque jour qui passait elle se disait : « Ça va être pour aujourd'hui ! »

Pendant ces trente-cinq années, celui qui allait devenir son guide faisait son propre chemin jusqu'à ce que la rencontre puisse se réaliser.

Ces trente-cinq années ne furent pas perdues : ce fut le temps de l'éveil de cette attente, de cette confiance indispensables. Si ce n'est pas pour aujourd'hui, ce sera peut-être demain.

Il faut que naisse la confiance : la confiance dans l'Un, dans la Divinité, dans la Présence Divine. Il y a Cela et Cela est. Il se peut que trente-cinq années soient nécessaires pour que cette soif se creuse ;

ensuite, on boira d'un trait tout ce qui nous sera présenté. Si l'on n'a pas soif, on peut nous présenter tout ce qu'on veut, on ne boira pas. Accepter le fait de la recherche et conserver cette soif, C'est le sens de ce pèlerinage à Bodhgaya, une rencontre qui ne doit pas déboucher sur un syncrétisme.

Echos : Libérer le souffle

L.D.T. : Dans la vision du Bouddha, nous parlons du souffle-esprit ; l'esprit est souffle, l'esprit a une nature pneumatique et ce souffle qu'est l'esprit peut être libre ou possédé, il peut être éveillé ou illusionné. La conscience habituelle est le souffle-esprit possédé, le souffle approprié, lié par la saisie. L'état d'Eveil est le souffle-esprit libre, non possédé, sans possesseur, sans soi, sans saisie.

Dans la séparation, dans l'exil, on est coupé de l'air, du souffle fondamental, ce qui est la source de toutes les maladies. On se coupe de la totalité du souffle-esprit qui subsiste en soi dans une interdépendance sans blocage. Ce souffle de vie fondamental est avant le temps et dans ce sens éternel. Ce souffle de vie spire, respire, sa respiration va, vient et vibre. Et le souffle devient vibration, la vibration devient son ; et le son devient voix et la voix phonèmes, mots, sens. Le son et le sens se représentent dans l'alphabet. Toutes sortes de représentations écrites émergent, tout un processus mental de noms et de formes naît et se densifie. La carte des représentations recouvre le terrain primordial et nous en sommes exilés. L'exil est de ce point de vue la coagulation ou la solidification du souffle, sa densification.

Le thérapeute est bien celui qui permet que les blocages se débloquent ou qui accompagne le déblocage, la dessaisie, la dépossession, la désappropriation.

Echos : Guérison, transformation

F.S. : Un discours qui entretient la maladie en faisant sans cesse appel aux problèmes, aux conditionnements, en soulignant et en accentuant en permanence notre carcan, est un discours qui rapetisse. Dans la médecine habituelle, les médecins ont sans doute intérêt à entretenir cette méthode, qui est leur gagne-pain : pas de problèmes, pas de médecine, les médecins au chômage ! On sait aussi qu'il y a des soins qui durent, qui durent, comme par exemple en psychanalyse. En réalité, on n'en finit pas d'être sur le point de guérir ! Ici apparaît une relation, une articulation entre le psychologique et le spirituel.

Bien sûr, il ne faut pas refouler, nier ce qui est, mais ne pas l'idolâtrer non plus, ne pas le conserver amoureusement. Les thérapeutes spirituels viennent souvent donner un coup de pied dans la fourmilière... afin de ne pas faire cesser ce ronron, l'entretien permanent des problèmes qui est en fait notre façon de fonctionner. Avant de parler de guérison, les thérapeutes parlent de destruction. Cela me rappelle l'histoire d'un maître soufi qui dit : « Je n'entre jamais dans une maison sans tout détruire. » L'un de ses disciples se sauve alors en criant : « Oh là là ! Il va détruire ma maison ! » En fait, la maison est le cœur et tout détruire signifie ne pas entretenir les problèmes mais essayer de centrer sur l'essentiel. Centrer sur l'essentiel, c'est rappeler la présence de la lumière.

Deux personnes sont dans une chambre aux volets fermés et l'une d'elles éteint la lumière. L'autre demande : « D'où venait la lumière ?

– Dis-moi où la lumière est partie et je te dirai d'où elle vient », répond la première.

Ainsi, lorsque la lumière se fait, on réalise que tout le reste n'est qu'illusion. Donc, ce processus de « bousculement » pour permettre de s'ouvrir, de ne pas se laisser enfermer est une thérapie spirituelle, une thérapie divine.

Et dans une poésie, un soufi dit : « Tu es mon mal et mon remède, sois doux, doux, ô mon Amour... » Dieu est mon mal et mon remède parce qu'Il blesse de cette blessure de l'Amour pour amener vers la guérison. La thérapie est un processus dynamique, un processus de sortie hors des limites : il n'y a pas de thérapie d'entretien mais une thérapie de transformation.

II

DIALOGUES EN CHEMIN

L'ascèse, ou l'art de la présence

J.-Y.L. : Si par « ascèse » nous entendons qu'il s'agit d'un petit travail que le *moi* fait sur le *moi*, cela ne sonne pas juste. Notre première ascèse doit être d'accueillir ce qui est là, que cela nous plaise ou que cela ne nous plaise pas, que cela nous révolte ou non. De nous approcher de l'attitude de Siddharta Gautama, de la clarté de son esprit, de sa lucidité. Simplement « être là ».

Pour trouver le son juste, les cordes du violon, de la guitare, de la harpe... ne doivent être ni trop lâches ni trop tendues. De même lorsqu'on est en face de quelqu'un, il ne faut être ni trop tendu (par l'émotion) ni trop indifférent, trop relâché. Comment trouver l'attitude qui *s'ajuste* à telle personne, à telle situation ?

Sans cesse il faut s'ajuster et, pour cela, écouter le son qui est à l'intérieur de nous, la corde correctement tendue, pas seulement la corde émotive ou sentimentale, mais la corde de l'Etre, celle qui va nous permettre de nous accorder.

Comment nous accorder avec cette autre corde, là, en face de nous, cette corde qui par exemple crie, pleure ? C'est cela, l'école de la vie. Autrefois, certains élèves avaient droit au bonnet d'âne ! En fait, c'était un enseignement très important, car l'âne a de grandes oreilles, et donner à quelqu'un le bonnet d'âne c'était lui rappeler qu'il faut écouter : c'est l'essence même de l'ascèse. C'est le premier commandement, c'est le premier exercice. L'ascèse est un exercice et le premier exercice avant l'amour, c'est d'écouter.

« Ecoute, Israël ! Ecoute, toi qui veux voir » – toi qui veux voir la réalité ; la racine du mot « Israël » est « celui qui voit ». Mais pour voir, il faut écouter. « *Ecoutez voir !* »...

Dans la tradition ancienne, l'ascèse est l'art de l'écoute. On écoute avec tout son corps. Et, naturellement, certains corps sont plus sensibles que d'autres.

Les thérapeutes d'Alexandrie, de tradition juive, vivant au Ier siècle de notre ère et qui ont beaucoup influencé la tradition chrétienne, avaient une pratique qui ressemble beaucoup à une pratique tibétaine et, peut-être, à une pratique soufie : c'est celle de l'éponge.

Cela consiste à tout accueillir, sans peur, y compris la souffrance, la laideur, et aussi à ne pas tout garder, à vider l'éponge.

J'inspire : j'accueille ; j'expire : je vide l'éponge.

Une fois bien vidé, je peux à nouveau accueillir la lumière et il s'agit là aussi de ne pas la garder. Il faut apprendre à expirer, à donner de la paix, à ne pas ajouter de la souffrance à la souffrance, à ne pas ajouter de l'émotion à l'émotion.

Travaillant dans des services d'urgence ou vivant dans certains pays où la misère est comme celle que l'on peut effleurer ici, en Inde, deux sortes d'attitudes s'offrent à nous : soit on se blinde, soit on se noie. Ni l'une ni l'autre n'est la solution. Ou bien on fait ce que l'on a à faire et on se bloque, on ne sent rien, plus aucune émotion, ou bien on se laisse complètement emporter par l'émotion. Alors, à nouveau, comment trouver l'attitude juste ?

Il s'agit de ne pas avoir peur d'être touché, de laisser couler des larmes parce qu'on est entouré d'injustice, de désordre. Et en même temps de ne pas se complaire dans cet état car on devient « maso », ce qui ne fait qu'ajouter de la souffrance à la souffrance de l'autre : on se noie avec celui qui se noie. Il s'agit donc de bien expirer, de laisser passer tout cela et d'inspirer pour se remplir de lumière. Ce sont les mouvements mêmes de la respiration, une pratique vraiment naturelle des anciens thérapeutes.

J'inspire, j'accueille ce qui m'est donné, l'agréable comme le désagréable ; puis j'expire, je donne ce qui m'a été donné, je le rends à la terre. Contact avec la terre, contact de notre bassin, de nos pieds avec la terre, pendant la méditation. J'accueille la souffrance de l'autre, je la regarde, je la digère et je la fais descendre dans les profondeurs de la terre.

Mais il faut aussi pouvoir discerner si notre méditation est de l'eau ou du feu.

Si vous jetez des immondices dans de l'eau, même si celle-ci est extrêmement pure, cette eau va se troubler. Mais si vous les jetez dans les flammes, ils deviennent eux-mêmes lumière.

Cela me rappelle une histoire d'un sage hindou qui m'a beaucoup impressionné. Vous savez que pour les brahmanes, l'argent est quelque chose d'impur que l'on ne doit pas toucher. Une nuit, pendant qu'un brahmane dormait, une personne a posé quelques pièces d'argent sur son bras. Au matin, juste avant que ce brahmane ne se réveille, on lui a enlevé les pièces d'argent et, à leur place, on a pu voir des traces de brûlure. Et cela me fait penser à d'autres sages, à d'autres saints et bien sûr au Christ qui fréquentait les amis de l'argent ou des personnes de « mauvaise réputation » comme Myriam de Magdala ; or il n'était pas troublé, il ne s'évanouissait pas.

Voilà toute la différence qui existe entre le baptême d'eau et le baptême de feu : une pratique qui est comme de l'eau nous nettoie, nous purifie ; le feu, lui, transforme en lumière ce qu'il touche.

Il faut alors s'interroger pour savoir si notre pratique, notre ascèse, notre méditation est de l'eau ou du feu. Si c'est de l'eau, nous allons être troublés par nos voisins, par les bruits extérieurs ou par notre propre humeur. Si notre pratique est du feu, alors le bruit extérieur de la ville, par exemple, va approfondir le silence et, d'une certaine façon, le nourrir. Le but de l'ascèse étant le feu, il s'agit d'être dans les villes comme on est au sommet de la montagne.

Deux amis qui cherchent la Connaissance gravissent une montagne. Arrivés au sommet, l'un regarde vers le bas. Vu de là-haut, comme tout semble petit dans la vallée ! Que deviennent nos problèmes, comment apparaît cette évanescence, cette impermanence ? Et nos soucis, et toutes nos histoires ?

L'autre continue à regarder vers le haut et il se rend compte qu'en fait il est toujours en bas, que le ciel est toujours là-haut, et qu'il ne connaît toujours pas cet autre espace, cette autre conscience, cette nature de l'esprit. Car le ciel vu du sommet de la montagne ou du fond de la vallée est toujours le même. Pure lumière au sommet, pure lumière dans le taudis.

Que faisons-nous de notre pratique, que faisons-nous de notre ascèse ? Il faut savoir regarder vers le haut et aussi vers le bas, inspirer et expirer, et cela nous permettra, peut-être, de nous approcher de ce que Siddharta Gautama a pratiqué, a vécu avant de pouvoir en parler et le transmettre.

Notre ascèse ne consiste pas à nous créer des conditions artificielles mais à regarder en face nos émotions, nos réactions.

Pour jouer de la musique dans une chambre il faut accorder les instruments ; pour jouer en plein air, il faut les accorder à nouveau : ni trop lâches ni trop tendus. Alors la musique du Dharma, la musique de la Thora, la musique du vivant pourra peut-être se jouer à travers nous.

L.D.T. : Voici un exercice très simple qui est en quelque sorte la version Dharma de l'éponge des thérapeutes d'Alexandrie. C'est une méditation d'ouverture du cœur et de l'esprit, un apprentissage qui va dans le sens du dépassement des blocages habituels de l'ego. C'est une méditation dans laquelle on apprend à traverser la barrière dualiste que l'on érige habituellement entre moi et l'autre. Les deux mouvements de cette méditation, l'inspir et l'expir, sont associés à l'accueil et à l'offrande ; c'est pourquoi cet exercice se nomme accueillir et offrir, *Tonglèn* en tibétain.

En inspirant, on accueille et on traverse la barrière entre l'extérieur et l'intérieur ; en expirant on offre, on donne, on se donne et on traverse la barrière entre l'intérieur et l'extérieur.

En inspirant, tout comme on incorpore l'air de l'atmosphère, on incorpore le monde extérieur, on accueille et intègre tout ce qui est autre. On s'ouvre complètement au monde, aux autres, à ce qui est autre, sans peur, sans résistance, sans retenue, dans un accueil inconditionnel, sans limite.

En expirant, tout comme on dissout l'air que l'on a en soi dans l'atmosphère, on se dissout dans le monde extérieur, on se laisse partir dans les champs visuels, auditifs, sensoriels tels qu'ils sont. On se donne, on s'abandonne à ce qui est autre, aux autres, là aussi sans peur, sans retenue, dans une offrande, un don-abandon inconditionnel, illimité.

Dans l'inspiration comme dans l'expiration, on lâche les blocages qui nous tiennent fermés et nous empêchent d'accueillir et de nous offrir. Avec l'inspiration on accueille sans réserve, au-delà des résistances, des blocages et des barrières. Avec l'expiration on s'abandonne, on s'offre, on s'ouvre, là aussi sans réserve, au-delà des résistances et des blocages.

On inspire en incorporant, on expire en s'abandonnant.

En pratiquant cela, on apprend progressivement à accueillir plus particulièrement dans l'inspiration ce qui est habituellement difficile d'accueillir, ce qui est l'objet d'un refus, d'un blocage particulier. On accepte d'être exposé aux difficultés, à l'indésirable, aux souffrances, on apprend à accepter et à incorporer la difficulté, à dépasser ce qui est habituellement l'objet de fixation dans le non.

L'inspiration accueille, incorpore jusqu'au fond de son cœur, en disant oui à la réalité telle qu'elle est, en un oui, un accueil inconditionnels.

En expirant on offre tout ce que l'on a de sain, de bon et que l'on n'aurait peut-être pas envie de donner. On dépasse l'attachement, la possessivité, le sentiment de pauvreté qui nous empêchent de donner. On accepte de donner, d'abandonner ce à quoi l'on est attaché, d'offrir ce qui est objet de fixations.

On rayonne ainsi du fond de son cœur tout ce qui est bon et positif. Ce que l'on est et ce que l'on a de sain, là aussi sans retenue, dans une offrande inconditionnelle.

Il est de nombreuses façons de pratiquer cette méditation, elles constituent une pratique essentielle de l'ascèse de compassion.

F.S. : Un mendiant était en bas d'un immeuble et une autre personne tout en haut. Au bout d'un certain temps, cette dernière est descendue et a demandé au mendiant : « Qu'est-ce que tu veux ? – Un peu d'argent, répondit le mendiant. – Attends-moi là. » L'homme qui était descendu remonte en haut de l'immeuble et crie au mendiant : « Viens jusqu'ici ! » Le mendiant monte en haut de l'immeuble, et là, l'homme lui dit : « Je n'ai pas d'argent sur moi, je ne peux rien te donner. »

Le sens de cette histoire est que nous sommes le mendiant et que la grande ascèse, l'ascèse du cœur, est la demande de rien d'autre que LUI. Si dans notre cœur il y a autre chose que LUI, nous risquons de monter très haut pour rien. Et nous serons déçus du voyage. Mais ce voyage n'aura peut-être pas été totalement inutile car nous aurons pu nous rendre compte que là-haut nous n'avons pas ce que nous pensions obtenir.

L'essentiel de l'enseignement est d'affiner notre demande, notre quête. L'essentiel n'est pas d'obtenir ceci ou cela, l'essentiel consiste à savoir ce que l'on veut, ce que l'on désire.

« Tu ne m'aurais pas cherché, si tu ne m'avais

déjà trouvé », dit une parole soufie. Ce qui signifie que nous avons déjà le sens de notre désir, nous avons déjà ce souffle qui nous anime et qu'il nous revient d'affiner afin qu'il soit véritablement orienté vers cet appel divin.

En réalité, il faut faire en sorte que ce que l'on veut, que ce que l'on désire soit clair dans notre cœur, dans notre esprit, car nous allons trouver à la fin ce que nous avons déjà trouvé au début. Une sentence soufie dit : « Ceux dont le début est illuminé, la fin sera illuminée. » Cela veut dire que c'est au début que la graine est posée, à la fin la graine est devenue arbre, mais l'arbre n'est rien sans la graine. Sans cesse, il faut affiner ; c'est le sens de la quête, c'est le sens de la prière. La prière ne fait que creuser notre demande intérieure pour la rendre plus vraie, plus réelle. C'est le sens de la parabole du grain de sénevé de Jésus. Il ne faut pas voir simplement l'arbre car cet arbre, aussi grand soit-il, est déjà contenu dans la demande du cœur.

Un proverbe dit, en parlant d'un mendiant : « Celui qui doit mendier, autant qu'il se tourne vers une grande tente. »

En effet, autant aller mendier à proximité de la tente d'un grand seigneur, car on a plus de chances d'être mieux reçu. Et le grand seigneur, ici, c'est le Divin. En français on dirait : « Il vaut mieux s'adresser au Bon Dieu qu'à ses saints. »

Il faut être mendiant de l'âme car c'est à partir du moment où l'on connaît soi-même la vraie condition du mendiant que l'on peut communiquer. Et dans un univers sacré, quelle que soit la misère, se produit un transfert qui rattache la misère à la dignité en montrant qu'à côté de la misère extrême s'épanouit une grandeur extrême.

C'est sans doute difficile à comprendre mais il y a là une conjonction du matériel dans son total dépouillement et du spirituel, du transcendant. On ne voit pas ses misères intérieures comme une forme de désespoir car même le désespoir s'illumine de la relation à Dieu. C'est en cela qu'il est nécessaire de faire une différenciation entre le psychologique qui reste dans sa bulle, qui vit les états de blessure ou de peine en tant qu'« état », et le spirituel qui relie les états de peine et de blessure à cette relation avec Dieu.

Vous connaissez cette parole : « Je suis auprès de ceux qui ont le cœur brisé », qui n'est pas à prendre dans le sens commun émotionnel mais dans sa signification d'une conjonction du plus grand au plus petit. Ils ont le cœur brisé dans le sens où cette brisure exposée à la lumière divine est une forme juste. On retrouve dans le Tao cette formule : « Ce qui est brisé est droit et ce qui est droit est brisé. »

Si l'on juge les choses uniquement dans une référence au quantitatif, à l'humain égocentré, alors, au lieu d'éprouver la grande compassion, on n'éprouve qu'une forme réduite et galvaudée de la pitié.

Il faut donc être attentif à ces subtilités car elles font partie de la vie, elles font partie de l'être.

Dans la terminologie de beaucoup de traditions,

on nomme « pauvres », « mendiants » les itinérants, ceux qui cheminent.

Mais il ne s'agit pas de faire une apologie de la pauvreté. La pauvreté n'existe, et nous n'existons, que pour ressentir encore plus cette interdépendance.

Si nous nous sentons propriétaires de ce que nous avons, nous ne pouvons pas donner et si l'on comprend que l'on ne fait que recevoir, l'ascèse devient facile car elle vient de la conscience du cœur. Et là, il faut être vigilant et ne pas confondre l'ascèse extérieure avec l'ascèse intérieure. On peut renoncer à tout extérieurement, et sur le plan intérieur demeurer dans un total attachement – ne serait-ce qu'un attachement à l'ascèse elle-même.

Parvenir à la véritable ascèse, c'est arriver au détachement intérieur, le seul qui compte. La véritable ascèse est l'ascèse du cœur. On en revient à cette notion de voie juste, de juste milieu qui ne consiste pas à se mortifier pour rien.

Encore une fois, tout cela est une question de conscience et l'on est en droit, même en devoir, de prendre soin de soi afin que l'on puisse continuer à œuvrer, à approfondir le Chemin. A partir de là, on comprend que l'ascèse pour l'ascèse est tout à fait inutile.

Compassion, action, contemplation

QUESTION : *La différence entre charité, pitié et compassion, quelle est-elle d'après vous ?*

L.D.T. : Dans le mot « charité » il y *caritas* et « compassion » est le terme retenu pour traduire le sanscrit *karuna. Caritas* et *karuna* ont, comme on peut le pressentir par leur quasi-homophonie, une racine commune. En fait *caritas* vient de *karuna.* Donc nous pourrions aisément dire qu'il s'agit de la même notion, de la même expérience. Il y a pourtant des contextes différents dans l'usage. Dans celui du Dharma, nous entendons par *karuna* ou compassion un état d'ouverture à l'autre et de participation à sa réalité. La compassion c'est compatir, c'est être réceptif et disponible à l'autre, à ce qu'il est vraiment et à sa souffrance. « Compatir » a le sens de « souffrir avec ». Précisons néanmoins qu'il n'y a rien de doloriste dans la compassion. De plus compassion et compréhension sont toujours associées, la compassion authentique se vit dans la compréhension de l'autre. Il ne peut y avoir l'un sans l'autre, l'expérience de participation est à la fois compréhension et compassion.

Un écueil serait d'entendre « compassion » comme « pitié ». La pitié a un caractère condescendant qui est complètement étranger à la compassion authentique, tout comme d'ailleurs à la véritable charité. Reprenons si vous le voulez l'image thérapeutique : le thérapeute a de la compassion pour ceux qu'il aide, qu'il soigne, ce n'est pas de la pitié. « Pitié » a tendance à suggérer une expérience trop hiérarchique et distante – « avoir de la pitié pour ces misérables créatures », comme on dit.

En relation avec cette question nous pourrions

nous interroger aussi sur comment pratiquer charité et compassion sur le terrain, ici à Bodhgaya. Il est important de faire quelque chose, un geste, directement. Bien sûr il y a des mendiants professionnels... C'est difficile. Mais on peut aussi aider des organismes structurés, chacun peut trouver ce qui lui semble le plus approprié.

La véritable compassion œuvre sans blocage, dans l'intelligence de l'interdépendance.

QUESTION : *Dans la compassion, y a-t-il obligation morale d'action ? Agir ou ne pas agir ?*

L.D.T. : La compassion dans le Dharma ne se vit pas comme un devoir ou une obligation mais plutôt comme une attitude de bienveillance, comprenant l'autre comme son semblable. C'est une attitude de cœur plutôt qu'une règle qui nous oblige. C'est un état ouvert et sensible qui répond à la situation sans blocage. A ce moment-là l'action procède du cœur plutôt que d'une règle dite morale, elle est spontanée, naturelle. La compassion est une action qui n'a pas besoin de se justifier, ce qui, bien évidemment, n'exclut pas une éthique et des références, mais la grande Compassion est sans « pourquoi ».

F.S. : Dans « charité », on se place plus particulièrement à un niveau moral par rapport à la compassion ; nous restons à un niveau d'ego à ego... Sans rien enlever à la nécessité de l'ego, il est important de bien agir et de relier l'action à un chemin spirituel. On se place alors dans une certaine disposition. A ce sujet, je voudrais vous raconter une anecdote.

Le père Philippe Maillard était allé voir une dame âgée qui était à l'hôpital et qui lui dit : « Les religieuses ici sont magnifiques, dévouées, prévenantes, mais parfois on a la désagréable impression qu'elles nous prennent pour un marche-pied afin d'aller vers le ciel. »

L'action, rattachée à une signification profonde, peut devenir une forme de contemplation et peut nous amener à travailler sans cesse, à exister sans cesse. A travers l'action, on réajuste le sens que l'on donne à cette action.

Il est extrêmement difficile d'accepter la mort de l'ego, une mort psychique, une mort pour une renaissance ; nous sommes très attachés à notre ego. La spiritualité nous amène à aller à rebrousse-poil, à aller à la racine du problème. Il est plus facile de se lancer dans des actions « tous azimuts » – ceci n'est pas mauvais – mais, d'un point de vue spirituel, ces actions sont porteuses de bon et de mauvais parce que l'ego est ainsi.

Lorsque Jésus dit à Marie-Madeleine – qui servait activement Jésus alors que Marthe demeurait dans la contemplation, dans le non-agir – que Marthe a su quoi choisir, cela peut scandaliser notre mentalité moderne axée sur l'action. Le monde moderne fait beaucoup de choses pour notre bien-être, mais nous constatons que les situations se compliquent toujours davantage. On ne prend pas en compte toutes les conséquences des actions qui sont bonnes, cela sert un point de vue égotique qui ne va pas loin.

La contemplation n'exclut pas l'action et vice-versa. Nous avons besoin des deux. Nous sommes corps et esprit. Le non-agir est une action beaucoup plus profonde, plus réelle, plus efficace que l'agir. L'agir vient de l'ego.

L.D.T. : Oui, mais attention : le non-agir est le non-agir de l'ego et ce non-agir peut être extrêmement actif. Non-agir ne signifie pas ne rien faire en corps, parole et esprit. Le non-agir n'est pas la paresse ou le *farniente*. Dans le non-agir, ce qui n'agit pas est l'ego, le mental conceptuel. Le non-agir est l'absence d'ego, de projection, c'est un état libre de blocage qui peut être très dynamique. C'est même la perfection de l'action, l'action éveillée.

QUESTION : *Au sujet de l'attitude de Marthe et de celle de Marie, pouvez-vous préciser si la contemplation peut ouvrir le chemin de l'action ?*

F.S. : Marthe et Marie sont les deux pôles de ce qu'on appelle un cheminement spirituel, ce mouvement que l'on nomme la réalisation descendante. On va vers la contemplation puis on emporte cette contemplation avec soi, en descendant, on revient vers le monde.

Le fait de revenir vers le monde n'est pas un abandon de la contemplation, c'est revenir vers le monde avec un autre regard sur ce monde.

Je pense qu'il faut voir cela dans une dynamique spirituelle et pas simplement dans un jugement.

J.-Y.L. : Cela est important car il s'agit bien là d'une véritable initiation. Initiation de Marthe afin qu'elle aille au-delà d'elle-même. Et Jésus aura la même attitude pour Marie car au moment où elle aimerait rester tranquille dans la contemplation, Jésus lui dira : « Va vers mes frères. » Donc Jésus appellera Marie à se dépasser. L'initiation appelle de nouveau à faire un pas de plus, là où l'on s'est arrêté, que ce soit dans l'action ou dans la contemplation : aller au-delà de nos dualités, au-delà du fonctionnement linéaire de notre cerveau.

L.D.T. : Oui, la contemplation peut ouvrir le chemin de l'action, je dirais même que le fruit de la contemplation ouvre la voie de l'action. Il y a en effet ce que l'on peut nommer une réalisation ascendante et descendante. C'est-à-dire que la réalisation profonde, ascendante, s'intègre finalement dans la vie, dans la réalisation descendante. La hauteur spirituelle s'incarne dans le corps de la vie quotidienne. C'est l'idéal du Bodhisattva, le Héros d'éveil qui consacre son éveil à libérer tous les vivants.

Il y a une difficulté dans le scintillement que le mot « contemplation » a en Occident. En fait, la contemplation fondamentale, disons l'expérience spirituelle fondamentale, est l'expérience immédiate de l'instant présent. Cet état spirituel de contemplation, non seulement n'est pas incompatible avec l'action mais se trouve même être le lieu de l'action parfaite. La perfection de l'action est dans cet état d'immédiateté présente. De nombreux grands contemplatifs, de grands accomplis, de grands saints ou éveillés ont été de grands actifs, agissant dans le non-agir de l'ego, ce qui est l'essence de la contemplation. Mais avant d'en arriver là, il est souvent nécessaire de se retirer longtemps, si ce n'est toute une vie

Le miracle ici même

L.D.T. : La réalisation de l'état de présence est sans orientation, sans ailleurs, sans au-delà surnaturel, sans autre, c'est pourquoi elle est absolue. Et cette présence est la présence divine, c'est pourquoi Dieu n'est pas surnaturel – ce n'est pas d'ailleurs pour dire qu'il est naturel, *surnaturel* et *naturel* étant encore un doublet dualiste. L'approche du Bouddha est thérapeutique, il enseigne ce qui peut aider ses auditeurs à dépasser leurs illusions. Il a ainsi enseigné le non-soi à ceux qui croyaient au soi et le soi à ceux qui croyaient au non-soi. On pourrait dire qu'il a enseigné le naturel à ceux qui croyaient au surnaturel et le surnaturel à ceux qui croyaient au naturel.

Il n'est de vrais miracles que naturels, dans la magie ordinaire. Ce sont des miracles ordinaires, qui sont dans l'ordre fondamental de ce qui est. Par « surnaturel » j'entends la croyance en un au-delà, un ailleurs, en un Dieu transcendant se trouvant « ailleurs », c'est-à-dire aussi dualiste. Ce surnaturel est, je le crains, une illusion.

Cela peut bien sûr paraître très décapant mais n'exclut pas ce que l'on entend par miracle, c'est-à-dire des événements qui dépassent l'entendement habituel. Il y a dans un authentique état d'ouverture des événements miraculeux lorsque, dans le non-agir et dans la non-intention, une personne entre en harmonie, en phase avec son environnement global. Il peut alors se produire des phénomènes inexplicables, des coïncidences significatives – en tibétain, on parle de *tendrels*. Ce sont des concordances de phases entre différents plans macro ou microcosmiques, des sortes de résonances harmoniques qui font émerger des événements inconcevables, ce que l'on nomme aussi synchronicités. Vus de l'extérieur, ces événements sont appelés des miracles et ce sont des miracles authentiques pour ceux qui les perçoivent comme tels. Mais ce qui fait qu'ils sont miracles est que la personne qui les considère comme tels suppose derrière l'événement inconcevable et inexplicable l'intervention d'une volonté agissante, l'existence d'un sujet qui a agi en coulisses, Dieu ou autre. Cela est une illusion car il n'y a pas d'acteur en coulisses qui tire les ficelles des événements. Donc cette vision des miracles est une illusion. Et puis il y a tous les miracles qui sont simplement du charlatanisme et ce sont de très loin les plus nombreux. Souvent, aussi, le mental fait des miracles. Une certaine mentalité, qui peut même être développée ou entretenue, a une propension extraordinaire à construire des miracles ; avec cette mentalité, une sacrée histoire racontée dix fois consécutivement ou même moins devient une histoire sacrée miraculeuse.

Bref, il y a des miracles dans toutes les traditions mais ce n'est pas le problème : nous ne sommes pas aux Jeux Olympiques et il ne s'agit pas de savoir si mon Dieu est plus fort que le tien, si mon papa est plus fort et plus grand que le tien. Les miracles, ce n'est pas l'important !

Il a été dit combien il était important de distinguer les phénomènes – fussent-ils extraordinaires – de l'état spirituel authentique. Les miracles ne sont pas forcément la manifestation d'une qualité intérieure profonde et sont finalement du domaine de l'illusion. Certains disent qu'il faut utiliser les miracles pour stimuler sa foi. Faut-il se doper à l'illusion ? On peut répondre que c'est une question de méthodologie... En tout cas, les miracles sont surtout importants dans les approches fondées sur la croyance et disons simplement que nous ne sommes pas pour le dopage.

J.-Y.L. : Rappelons que celui qui dit que le miracle est une illusion est lui-même une illusion ! Surnaturel par rapport à qui, par rapport à quoi ?

Là se trouve la question. Je pense à saint Augustin qui disait : vous vous étonnez parce que le Christ change l'eau en vin. Regardez ! C'est ce que la vigne fait tous les ans ! Vous vous étonnez parce que le Christ réveille les morts. Regardez ! Vous-mêmes, qui étiez-vous il y a soixante-dix ans ou un peu moins ? Mais vous êtes tellement bornés que vous avez besoin de choses extraordinaires pour voir le miracle de l'ordinaire.

L'étymologie du mot « miracle » est *mirabilei*, c'est-à-dire « émerveillement ». Retrouvons la capacité de nous émerveiller. C'est un miracle que de mettre un pied l'un devant l'autre, de respirer... Il faut avoir été privé de son souffle pour voir de quel miracle il s'agit – miracle d'être, d'être là !

Nous avons effectivement besoin de choses extraordinaires, miraculeuses, c'est-à-dire d'états non ordinaires de conscience que l'on peut appeler des miracles, des « merveilles ».

Il y a toutes sortes de phénomènes qui nous rappellent que notre vision du monde n'est pas la vision réelle. La fonction de certaines expériences qui nous émerveillent est de nous rappeler la relativité de notre vision du monde et, à ce moment-là, nous retrouvons notre capacité d'étonnement, d'émerveillement devant le miracle de ce qui est...

F.S. : Ce qui s'échange ici est une façon différente de voir et d'exprimer une même chose.

Par exemple, dans l'islam, des lois ont été mises en place par la divinité mais elles n'ont aucun caractère de nécessité absolue et donc, de la même manière, ce miracle est permanent.

Maintenant, quel est l'intérêt et l'usage qui peut être fait des miracles ? Tout le monde est bien d'accord pour admettre que le miracle est « ce qui est là ». La vie de tous les jours, le fait de respirer, d'échanger est un miracle permanent. Cependant, ce miracle-là n'est pas toujours perçu comme tel. Donc, il existe une sorte de pédagogie utilisée par les prophètes : ce sont les miracles.

On pourrait aborder ici la véritable signification que l'on donne aux miracles dans les traditions monothéistes et parler de la différence entre miracles, prodiges et magie.

Leurs origines, leurs impulsions sont différentes. Le miracle a une impulsion divine, la magie une impulsion psychique ; la magie fait usage d'un pouvoir psychique particulier en utilisant un certain nombre de noms divins mais à des fins détournées. Les prophètes, les saints, Jésus ou d'autres ont utilisé les miracles, les prodiges afin d'essayer de donner quelque chose à des gens qui ne peuvent juger qu'en termes de matérialité : « Il faut que je voie pour croire ! »

Il s'agit donc d'une pédagogie, ce n'est pas là le plus important. On assiste au même phénomène lorsque les tribus d'Israël traversent le désert et exigent en permanence des signes, des miracles. Il leur est dit : « Ne demandez pas tout cela, il faut avoir cette compréhension, cette confiance profonde qui amène à voir la présence divine dans tout ce qui arrive. » Il y a donc toute une topographie des miracles et de leurs différents usages.

Il faut se méfier de la formulation de certaines choses : je comprends très bien l'écueil dans lequel on peut tomber, qui est une certaine dogmatique et qui consiste à imaginer une divinité abstraite, là-bas dans le ciel et surtout pas sur terre. Ce qu'il faut savoir, c'est que, parfois, nous avons besoin de points de repère pour avancer, de béquilles pour marcher. Et lorsqu'on marche, les béquilles n'ont plus de sens.

Dans le Coran, on peut lire un verset qui dit, en parlant de Dieu : « Il est le Premier et le Dernier, Il est l'Intérieur et l'Extérieur », ce qui rejoint cette globalité à la fois première et dernière, à la fois immanence et transcendance.

Voici une histoire soufie : un disciple, dans une très grande perplexité, vient voir son maître et lui dit : « Maître, qu'Il soit le Premier, je l'ai compris ; qu'Il soit le Dernier, je l'ai compris. Qu'Il soit l'Intérieur, ça aussi je l'ai compris ; mais qu'Il soit l'Extérieur, là je ne comprends plus rien. Expliquez-moi, comment ça, l'Extérieur ? » Le maître regarda le disciple et lui dit simplement : « S'il y avait un autre Extérieur que celui-ci, je te l'aurais montré. » L'histoire ajoute qu'à ce moment-là une grande ouverture s'est produite chez le disciple qui a compris qu'Il était aussi l'Extérieur.

Cette perplexité du disciple est intéressante, c'est un état. C'est là que quelque chose va se produire, un moment où tout se suspend en nous, où nos mécanismes habituels ne fonctionnent plus. Une espèce de doute est apparue : je ne comprends plus rien, pourquoi ? Parce que quelque chose, une inconnue va naître en nous.

Si le maître s'était lancé dans des explications

compliquées il aurait complètement saboté la perplexité de son disciple. Ce n'est pas d'explications qu'avait besoin le disciple, mais d'une sorte d'accompagnement à ce moment précis.

Et quelque chose s'est alors produit.

L.D.T. : Dans une perspective de compassion, les miracles surnaturels sont là pour doper la croyance populaire.

Fabriquer des miracles, et il y a tout un savoir-faire, est alors un geste de compassion pour satisfaire ceux qui ont besoin de croire à des choses extraordinaires qu'ils perçoivent. Il n'y a pas de charlatanisme, il n'y a que l'exercice de la compassion ; mais on peut se demander si dans certaines circonstances il n'y a pas abus de confiance... La fin justifie-t-elle les moyens ? Oui et non.

La question est de savoir qui fait les miracles et surtout ce que l'on met dans le mot « Dieu » que certains utilisent continuellement.

J.-Y.L. : Il n'y a pas d'autre réalité que la réalité, la réalité est une, mais elle se manifeste sous des formes multiples.

En cela on ne fait que revivre ce que disent les Anciens : dans un champ, c'est la même pluie qui tombe mais elle est rose dans la rose, bleue dans le bleuet, blanche dans le lis et c'est ce qui fait la beauté du bouquet.

Si nous avions tous la même couleur, la même forme, il n'y aurait pas de bouquet possible. Donc, il s'agit de faire monter en présence de l'Etre un bouquet de louanges différenciées, un bouquet d'expressions de l'être, mais je n'oublie pas que la réalité est une dans le respect des formes différentes, donc les affirmations différentes sur le mot « Dieu ».

Quelle réalité met-on derrière le mot « Dieu » ?

Le mot « Dieu » vient du latin *dies* qui veut dire « jour », donc quand je dis « Dieu », je parle du jour, je parle d'une Claire Lumière, je parle de ce qui ne se voit pas mais qui me permet de voir. Dieu seul n'existe pas ; comme tout ce qui existe, si Dieu existait, il mourrait. Tout ce qui est composé est décomposé. Dieu seul n'existe pas, il n'est rien du Tout dont il n'est la cause. Il est l'Etre.

Donc, vous sentez bien que derrière le mot « Dieu », comme le rappelle Lama Denys, on met des réalités différentes et ces réalités différentes, c'est le pas que l'on fait dans cette proximité de l'Etre.

C'est comme pour un physicien : au commencement la matière est dure, et plus on l'observe, plus on découvre que la matière c'est de l'énergie, et plus on observe l'énergie, plus on se rend compte que l'énergie ce n'est pas de l'énergie, que c'est de la pensée, et la pensée... c'est quoi ?

Vous sentez bien que le réel, ce qu'on appelle le réel, est la représentation que l'on s'en fait, ce que nos instruments décrivent du réel. Mais le réel est lui-même toujours plus que ce que l'on peut en dire, en penser. Si cela est vrai à l'égard de la matière, c'est encore plus vrai à l'égard d'un être humain.

D'où la folie de certains psychologues qui mettent des étiquettes sur les personnes en disant qu'elle est ceci ou cela, alors qu'une personne est un processus, un devenir. Il en est de même pour Dieu : à un certain moment, Dieu est une réalité sensible que l'on aura tendance à nommer, puis à un autre moment ce sera autre chose.

Cela me fait penser à une histoire des Pères du Désert. Tous les soirs, un jeune novice offrait du lait à Dieu, comme ici, en Inde, on peut assister à des offrandes aux dieux et aux divinités. Alors, Abba Moïse lui dit : « Mais, ça ne va pas ! Dieu ne boit pas de lait ! Qu'est-ce que tu veux que Dieu fasse de ton lait ?

– Si, si, je te l'assure, toutes les nuits Dieu vient boire mon lait, répond le novice.

– Alors, là, non ! s'exclame Abba Moïse. Dieu, c'est l'incréé, le non-né, l'infini. Dieu, ça ne boit pas de lait. Pour te convaincre, on va se cacher derrière un pilier du temple et on attendra toute la nuit s'il le faut, et tu verras qu'il n'est pas possible que Dieu vienne boire du lait. »

Ils étaient assis derrière une colonne du temple quand ils virent arriver un petit renard qui but le lait. Le pauvre novice était complètement désespéré ; Abba Moïse, lui, était tout joyeux : « Tu vois, je te l'avais bien dit, il n'y a pas de miracle ! »

Le novice se mit à pleurer. A ce même instant, Abba Moïse fut habité par l'Inspiration : « Pauvre imbécile ! Tu n'as rien compris ! Tu n'as pas compris que Je suis l'Etre qui fait être et que le renard, c'est moi ! Je permettais ainsi à cet homme, ce novice qui n'a pas d'autre moyen pour m'adorer, de m'offrir du lait. Et je permettais au petit renard de venir boire son lait. Mais regarde, maintenant : tu lui as enlevé sa façon à lui d'aimer, de louer. »

Dans certains temples, en Inde, je suis émerveillé par la qualité de la dévotion. Certes, ce n'est pas ma pratique... je n'irais pas offrir du beurre ou des guirlandes, mais j'ai du respect pour cette qualité de cœur. Il ne faut pas se mentir, se raconter d'histoires et ce qui est vrai à un certain moment sur notre chemin vers l'absolu ne l'est plus à un autre moment.

Ceci me rappelle encore une histoire que l'on retrouve dans la tradition bouddhiste et qui, chez nous, est racontée par les Pères du Désert.

Un moine marchait sur les eaux : c'est une technique, cela s'apprend. Un autre moine, après une longue ascèse, arrive à marcher sur l'eau ; il est très content car il peut traverser le Jourdain, les rivières. Il va auprès d'un Ancien et lui demande : « Où en suis-je maintenant puisque je peux marcher sur l'eau ? » Et l'Ancien lui répond : « Tu veux savoir la valeur de ce que tu sais faire ? Eh bien, va demander le prix au passeur ! »

Certes, il faut avoir du respect pour les pouvoirs miraculeux que possèdent certains lamas, certains saints dans toutes les traditions. Mais cela est à considérer comme un moyen. Ce n'est pas le but et le grand danger est de prendre le moyen pour la fin. Einstein disait : « L'incompréhensible, c'est que le monde soit compréhensible. » Le miracle, le mystère, c'est que notre intelligence puisse entrer en résonance avec la Grande Intelligence qui est dans l'univers. Ça, c'est miraculeux.

F.S. : A propos de prodiges et de miracles, je voudrais dire que dans l'évolution qui se produit au cours d'un cheminement spirituel, apparaît un certain nombre de ruptures.

La prière essentielle

On raconte l'histoire suivante : Mimouna, qui était une personne très pieuse, méditait près de la plage. Passe près d'elle un saint réalisé qui savait marcher sur les eaux. Il voit Mimouna prier et lui dit : « Si tu veux, je vais t'enseigner la prière. »

Mimouna le remercia, le saint lui donna une prière, puis il s'en alla en marchant sur les eaux.

A ce moment-là, Mimouna s'aperçoit qu'elle a oublié la formule de la prière que le saint lui avait donnée. Elle court derrière lui, le rattrape et lui dit : « J'ai oublié ce qu'il faut que je dise, j'ai oublié la prière que tu m'as enseignée ! »

Le saint, regardant Mimouna marcher sur l'eau, interloqué, lui demande : « Que disais-tu comme prière ?

– Mimouna aime Dieu et Dieu aime Mimouna. »

Le saint lui dit de repartir et de reprendre sa prière.

Pratiquer une ascèse pour marcher sur l'eau, ou pour voler, c'est passer beaucoup de temps pour pas grand-chose, car en fait, cela reste du domaine matériel. Il y a donc des ruptures d'habitudes matérielles, extérieures, et des ruptures d'habitudes intérieures.

Les ruptures d'habitudes extérieures se traduisent par des manifestations qui n'apparaissent pas habituellement, tandis que les ruptures d'habitudes intérieures se traduisent, en général, par des illuminations.

Celui qui évolue sur une voie spirituelle n'est absolument pas intéressé par ces manifestations à caractère exceptionnel et il ne les recherche pas non plus. D'ailleurs, les soufis disent que les personnes à qui cela arrive, en fait, subissent une sorte d'épreuve.

Sur la signification de la divinité, soyons encore une fois attentifs au sens, à l'angle à partir duquel on aborde un sujet : il faut essayer de schématiser. On pourrait aussi parler de cette doctrine, si je puis dire, des émanations dont on retrouve certains aspects dans le bouddhisme.

Au centre, il y a le trésor caché, le non-être qui n'est pas le néant ; le non-être est ce qui est même avant la vie : l'innommé le sans-nom, l'« absolument » indéterminé.

En réalité, nous employons différents degrés de détermination : celui de l'Etre universel, de l'Etre divin. Un autre degré est celui des qualifications divines, lorsqu'on dit que Dieu est tout-compatissant, tout-miséricordieux. Et puis, il y a encore tous les attributs de Dieu qui sont d'autres degrés d'émanation : ces attributs sont la rigueur, la justice, la puissance, la majesté.

Chacun, dans sa détermination la plus individuelle, porte en lui ce trésor caché et c'est pour cela qu'il y a cette conjonction si extraordinaire entre le spirituel et le matériel, mais aussi entre le divin et l'immatériel.

Dans la tradition du Prophète, Dieu dit : « J'avais soif et tu ne m'as pas désaltéré. J'étais malade et tu ne m'as pas visité. J'avais besoin de toi et tu n'es pas venu me voir. »

Alors quelqu'un dit : « Comment Dieu peut-il être malade ? Comment Dieu peut-il avoir soif ? »

Et Dieu répond : « Il y avait telle personne malade et j'étais auprès d'elle, j'étais dans cette manifestation-là. »

L'acte de venir voir la personne malade est un acte de contact avec le divin. Ce n'est pas simple sentimentalisme ; c'est la vie, le miracle dans le quotidien.

Vous connaissez cette histoire de l'enfant qui allait toujours auprès de l'arbre à côté de l'étang pour méditer, et à qui son père dit : « Reste à la maison. Pourquoi vas-tu là-bas pour prier ? Ne sais-tu pas que Dieu est partout le même ?

– Je sais que Dieu est partout le même, mais moi, je ne suis pas partout le même. »

Dans cette conjonction, l'innommé est la plus petite détermination. Cela aussi est le miracle du quotidien.

L.D.T. : Dieu est le même partout, Dieu est omniprésent, Dieu est la totalité absolue sans autre, Dieu est renard, vache, arbre, terre, ciel, etc. Nous nous rejoignons bien et il ne faut pas se priver de moyens adroits pour convenir à toutes les sensibilités. On n'est pas le même partout. Il est des lieux qui ont un pouvoir d'inspiration particulier. C'est pourquoi un pèlerinage est quelque chose de très utile car lorsque l'on vient dans un lieu sacré, il y a une présence sacrée ou divine plus manifeste. Dans ce lieu sacré, il y a une capacité de surprise, d'émerveillement, de miracle, de « ravissement » de ses habitudes.

L'image et le rituel

J.-Y.L. : Dans la tradition chrétienne, on fait la distinction entre idole et icône. L'idole arrête le regard, bouche les yeux. C'est pour cette raison que dans la tradition ancienne on ne faisait jamais le portrait du Christ. Les icônes obéissent à un certain nombre de canons et le Christ y est toujours symbolisé. On pourrait parler de portrait symbolique : le cou est large, lieu d'inspiration du pneuma, du souffle ; deux yeux, l'un sévère, l'autre doux pour symboliser l'alliance de la compassion et de la rigueur, la voie de la beauté et de la droiture. C'est vrai que ça lui fait une drôle de tête, au Christ.

L'art du portrait à proprement parler naît au XVIe siècle avec la naissance de la subjectivité et cela aboutit au type de représentation que l'on connaît aujourd'hui. Je pense en particulier à un portrait du Christ peint par Bernard Buffet : cela ressemble beaucoup à Bernard Buffet mais pas vraiment au Christ symbolique ! L'image devient lieu de projections et, alors qu'elle devrait ouvrir le regard, elle le ferme : le regard est arrêté par ce qu'il voit, c'est cela l'idolâtrie.

A ce propos, on peut dire d'un scientifique qu'il est idolâtre, l'intelligence arrêtée par ce qu'il sait. Il en est de même pour un croyant dont le cœur est arrêté par ce qu'il aime ou par ses croyances.

En fait, la question est de savoir comment ne pas avoir le regard arrêté par ce que l'on voit, comment ne pas avoir le cœur arrêté par ce que l'on aime : c'est entrer dans la dimension de l'icône. Au lieu de remplir les yeux, l'icône ouvre le regard, nous conduisant à l'invisible, du palpable à l'insaisissable.

Ainsi, il ne convient pas de dire que le Christ est l'image de Dieu dans le sens d'idole ; le Christ est l'icône de Dieu dans la mesure où à travers son visage comme à travers ses actes on peut pressentir l'infini, conscience infinie, patience infinie, l'amour infini.

Le Christ a dit : « Celui qui croit en moi, ce n'est pas en moi qu'il croit mais en Celui qui m'a envoyé. » Voilà une bonne définition de l'icône : celui qui voit ce qu'il voit ne voit pas seulement ce qu'il voit, mais, par le biais des formes, des couleurs, il peut voir l'invisible. Le monde de l'icône est celui du témoignage, celui du reflet. Qu'est-ce qui fait la différence entre l'idole et l'icône ? Simplement notre regard.

Ce que le Christ incarne est, me semble-t-il, à la fois de l'ordre de l'image et de l'ordre du rite, de l'ordre de l'acte.

Il faut se souvenir de cette parole de Jésus : « Qui me voit voit le Père. » Et aussi : « Moi et le Père, nous sommes *un.* » Puis encore : « Le Père est plus grand que moi. »

Ce sont là des paroles paradoxales pour nous rappeler, selon une image employée par les Anciens, que le fleuve et la source sont un, qu'ils ne sont pas séparés et que pourtant le fleuve n'est pas toute la source. Ainsi, lorsqu'on regarde le Christ comme image ou à travers les rituels qu'il nous a transmis, on voit quelque chose de la source, mais ce que l'on aperçoit est le fleuve et non toute la source.

Il s'agit bien de la présence de Dieu, mais en même temps, ce qu'il est dans son infini nous demeure inaccessible. L'image employée par Grégoire Palamas est celle du soleil dont le cœur est noir et inaccessible ; ce que nous connaissons du soleil ce sont ses rayons, mais un rayon n'est pas tout le soleil et pourtant c'est bien le soleil.

Une image, un rituel est un rayon du soleil, une manifestation, un chemin que prend l'invisible pour nous rejoindre là où nous sommes, c'est-à-dire dans le visible. Dans cette perspective, le visible est beau, agréable à regarder ; la matière, le corps, le visage ne sont pas un obstacle à Dieu mais un chemin, une icône et non pas une idole.

L'eucharistie est un rituel où l'on reprend des gestes, des actes posés par le Christ afin de signifier, évoquer sa présence. J'aimerais mettre cela en relation avec cette parole zen : « Si vous rencontrez le Bouddha, tuez-le ! » Personnellement, j'ajouterais : « Pas tout de suite ! » Tuez le Bouddha dans la mesure où vous allez en faire une idole, un modèle, quelqu'un qu'il faut imiter, à qui il faut ressembler. Car ce Bouddha-là vous empêche d'être vous-mêmes, d'être le bouddha que vous êtes. Vouloir imiter, vouloir ressembler au Bouddha peut devenir un obstacle. Donc, si vous rencontrez le Bouddha, tuez-le.

Si vous rencontrez le Christ, je dirais ce que lui-même a dit : mangez-le ! « Prenez et mangez, ceci est mon corps, ceci est mon sang. » Par l'eucharistie, on cesse de faire du Christ une personnalité extérieure, un modèle extérieur ; par l'eucharistie, le Christ devient nourriture. On retrouve là tout le symbolisme du pain et du corps, du vin et du sang.

L'Evangile a été écrit dans un contexte juif : le pain et le corps symbolisent l'action. « Prenez et mangez, ceci est mon corps » signifie : « Faites ce que j'ai fait et vous deviendrez moi-même à travers l'action, à travers les actes que j'ai posés. » Ce rituel est une invitation à agir comme le Christ a agi, à faire ce qu'il a fait, à aimer comme il a aimé.

« Prenez et buvez, ceci est mon sang. » Le sang du Christ est son essence, sa contemplation de l'invisible, sa relation avec Celui qu'il appelle le Père, le Principe, l'Origine. Cette intimité que j'ai vécue avec le Père, vivez-la vous-mêmes.

Toute cette dimension symbolique apparaît à travers la communion : nous sommes appelés, par ces signes de la vie quotidienne, cette nourriture quotidienne, à devenir ce que le Christ a été, à devenir d'autres Christ, à entrer dans son comportement, dans ses actes, dans ses qualités, mais à notre façon.

Dans notre espace, dans notre temps, nous pouvons aussi incarner les qualités du Christ, et ceci dans notre forme, puisque nous avons une façon unique d'aimer.

C'est aussi une contemplation que nous pouvons partager.

Donc, si vous rencontrez le Christ, ne l'idolâtrez pas, mais mangez-le, faites-en votre nourriture. C'est cela le sens profond de l'eucharistie : devenez ce que lui-même a incarné de beauté, d'intelligence, de patience et surtout d'amour.

L.D.T. : Il y a beaucoup d'images dans l'iconographie du Dharma et particulièrement dans sa tradition tantrique. L'image peut être un moyen d'éveil ou un obstacle selon qu'elle est utilisée comme icône ou idole, comme vient de l'évoquer Jean-Yves Leloup.

Il est intéressant de remarquer que les représentations du Bouddha ont été nombreuses au fil de l'histoire. Elles correspondent à différentes périodes mais sont restées opératives, certaines ayant un rôle plus important dans une tradition particulière.

Avant le IIe siècle de l'ère commune, seuls quelques symboles faisaient office de représentation. Ils sont toujours utilisés mais au fil du temps sont apparues des représentations plus complexes ayant souvent une apparence anthropomorphe.

Le symbole le plus connu et parmi les plus anciens est sans doute la fleur de lotus dont la corolle est un symbole de l'esprit pur en lequel habite l'expérience éveillée.

On utilise également le symbole de la roue avec

un moyeu vide représentant l'expérience au-delà des noms et des formes vers laquelle convergent les différents rayons (ils sont généralement huit) assimilés à l'octuple sentier qui est la voie d'accès à l'expérience d'éveil. Cette roue, souvent nommée Roue du Dharma ou *dharmatchakra*, symbolise l'enseignement et souligne l'imbrication étroite entre le Dharma et le Bouddha. Selon une parole célèbre du Bouddha : « Qui voit le Dharma voit le Bouddha. »

Le Bouddha fut également représenté sous la forme d'un trône vide devant un arbre. Ce trône vide se trouve sous l'arbre de la Bodhi, dans l'enceinte sacrée de Karma Temple, ici à Bodhgaya. L'arbre est l'arbre de vie reliant le ciel et la terre, c'est un symbolisme axial en rapport avec celui de la montagne. Le siège vacant suggère la présence du Bouddha assimilé à l'arbre de vie, une présence qui n'est pas celle de quelqu'un mais une présence d'absence, signifiée par la vacuité du siège. C'est une présence de non-soi, au-delà de l'individualité, absent et pourtant présent.

Les empreintes de pieds sont également employées pour suggérer la trace de l'éveil qu'est le passage du Bouddha. Elles sont aussi la trace que le « quêteur spirituel » suit sur la voie.

Le Bouddha est encore et très souvent représenté sous la forme du stoupa qui est sans doute son symbole le plus répandu dans le temps et les différentes cultures. Le stoupa représente l'esprit pur du Bouddha. C'est un symbole de l'univers constitué d'une base carrée représentant la terre et d'une coupole ronde, d'un dôme, symbolisant le ciel. Il est, dans ses formes les plus élaborées, constitué de cinq parties représentant les cinq éléments universels. Remarquons simplement que le rond et le carré constituent le prototype du mandala.

Il faudra finalement attendre l'influence de l'art hellénistique pour voir apparaître les représentations anthropomorphes du Bouddha, naissant dans le Gandhara, la région au nord-ouest de l'Inde à l'extrême nord du Pakistan et dans le nord-est de l'Afghanistan qui faisait partie de l'Empire perse et qui fut conquise par Alexandre le Grand. Le corps et la face du Bouddha prennent alors le style des statues grecques. Derrière ces représentations anthropomorphes qui se sont développées jusqu'à aujourd'hui se trouve un symbolisme très élaboré dans lequel le corps du Bouddha est pourvu de trente-deux signes majeurs. Pour en citer quelques-uns : protubérance crânienne, loupe de poils entre les sourcils, symbole de l'« œil de la vision immédiate », organes génitaux invisibles, corps large et droit, joues pleines, dessous de pieds à plat, coups de pied protubérants. Il est aussi doté de quatre-vingts marques mineures... Mais tous ces signes et marques renvoient à des qualités du corps universel de l'Eveillé. Le symbolisme du corps humain met ainsi en scène l'adéquation de la forme humaine et de la forme universelle, du formel et du sans forme.

Du point de vue du Dharma, ce qui fait la différence entre idole et icône, c'est la saisie. C'est aussi cet arrêt du regard qui s'approprie quelque chose.

Généralement nous parlerions plus de représentations symboliques que d'icônes, mais la problématique est similaire. La représentation symbolique est une façon d'envisager l'ultime ou l'absolu, de l'envisager, au sens littéral de donner un visage, d'en donner une vision.

Dans différentes pratiques du Vajrayana on utilise une représentation symbolique qui, dans le cadre d'une *sadhana*, c'est-à-dire d'une pratique avec différentes phases, permet de vivre l'ultime dans une relation de personne à personne, dans une dynamique de présence vivante. Il y a coagulation, représentation de la présence puis dissolution, effacement de la représentation, passage de la présence formelle à la présence au-delà des formes. Pour le pratiquant d'une *sadhana*, il serait juste de dire : « Ce n'est plus moi qui vis, c'est la Déité qui vit en moi. » Le pratiquant vit dans la présence de la Déité et la présence de la Déité vit en lui. Puis vient toujours aussi un moment de dissolution de la forme, un passage de la présence formelle à la présence au-delà des formes. C'est alors la présence ultime de la Déité qui, dans son essence, transcende tous les noms et formes.

Le rituel est la pratique symbolique qui exprime la réalité absolue et fait participer à celle-ci. Il s'appuie sur un texte ou un protocole dans lequel il y a invocation de l'image par la parole, la forme se manifeste à partir du son de la parole. Le rituel est naturellement un lien et une continuité entre la parole, le souffle, l'image et la présence. C'est toute cette dynamique qui se vit dans le déroulement du rituel, dans la pratique d'une *sadhana.* En entrant dans cette dynamique on participe à la présence de la Déité, à sa nature.

Ce qui fait l'idolâtrie, c'est de s'arrêter sur les formes ou sur les noms. Notez que certaines traditions qui sont très iconoclastes par rapport aux formes ne semblent pas avoir tellement de problèmes avec les noms ; pourtant, l'idolâtrie des noms et des concepts (le Dieu Grand Manitou du cosmos, auquel on attribue des sentiments, une volonté, des intentions) est plus subtile que celle des formes (le Dieu vieillard barbu assis sur son nuage) et aussi parfois plus dangereuse.

Dans la perspective bouddhiste règne une grande prudence par rapport aux noms et aux formes, qui sont toujours relatifs. L'idolâtrie fondamentale consiste à transposer dans le divin notre expérience dualiste en termes de sujet et d'objet. C'est faire de Dieu une entité, c'est concevoir Dieu comme une personne qui est quelqu'« un ». De ce point de vue, pour un pratiquant du Dharma, la plupart des monothéistes semblent souvent très idolâtres.

Mais retenons surtout que les représentations de la Déité utilisées dans les tantras sont des symboles de l'Eveil et que le symbole bien utilisé est une voie de réalisation de l'Absolu. C'est un nom et une forme dynamique qui dans sa pratique révèle la présence non dualiste au-delà des noms et des formes. Eveil et présence de la Déité ne sont pas deux.

F.S. : Au sujet du rite et du rituel, je me rappelle l'histoire d'un bédouin qui vivait dans le désert et qui avait entendu parler du roi (tout cela étant symbolique, ce dernier est le roi des rois). Il voulut aller voir le roi à Bagdad et lui offrir ce qu'il avait de plus précieux, c'est-à-dire un peu d'eau.

Le bédouin puise donc de l'eau mélangée à de la boue, met la plus grande proportion possible d'eau dans une outre et part à Bagdad pour offrir ce précieux cadeau au roi. A son arrivée, il est reçu par les chambellans du roi, qui informent ce dernier de cette situation assez extraordinaire : un bédouin veut voir le roi pour lui offrir quelque chose. Alors le roi dit à ses chambellans : « Lorsque le bédouin entrera ici, faites en sorte qu'il ne voie pas toutes mes richesses et qu'ainsi il ait l'impression que ce qu'il m'offre est véritablement quelque chose d'extrêmement précieux. »

Cette histoire symbolise le rapport du rite à la divinité. La divinité n'a certes pas besoin de nos rituels ; cependant, chacun peut mettre dans le rituel quelque chose de très important, de très précieux, ce qui nous amène, en quelque sorte, à être reçu par la divinité.

Il faut aussi savoir relativiser le rituel et ne pas croire que si on ne suit pas les règles à la lettre, ce sera la catastrophe. Ce qui importe est d'y mettre tout son cœur. Cela nous rapproche de cette histoire de Mimouna qui récitait : « Mimouna aime Dieu et Dieu aime Mimouna. » Elle pratiquait un rituel assez approximatif mais elle y mettait tout son cœur. C'est l'esprit que l'on place dans une action qui est le plus important.

Le rituel n'est pas non plus une fin en soi : c'est un creuset, une soif, une demande qui est au plus profond de nous. C'est une soif de l'être, comme la prière qui est une quête.

Cela me rappelle une histoire qui est en relation avec le rituel des derviches tourneurs.

Un maître accompagne son disciple et, arrivés à un carrefour, le disciple demande au maître par quel chemin il doit partir. Le maître lui dit :

« Mets tes bras en croix. »

Le disciple met les bras en croix et le maître lui dit :

« Tourne ! »

Le disciple commence à tourner puis demande au maître :

« Maintenant, par quelle route dois-je partir ? »

Et le maître répond :

« Tourne ! »

Et le disciple tourne, tourne pendant plusieurs heures et, épuisé, exténué, finit par tomber, un bras tendu vers une route. Indiquant cette direction, le maître derviche dit :

« Par là ! »

Ce qui est important, dans le rituel, c'est ce qui se produit à un certain moment et qui dépasse le rituel. On creuse notre demande jusqu'au moment où l'on perd ses repères et où une certaine perplexité s'installe, dépassant le rituel. C'est l'inspiration qui nous indique la direction à prendre. Cet exemple nous précise le rapport entre la forme du rituel et l'esprit qui y préside.

Pour ce qui concerne l'image, évidemment, je ne devrais pas en parler !... Au début, dans toutes les traditions, l'image est minimale, elle survient pour simplement donner une orientation ; ainsi des icônes, des pas du Bouddha. Le christianisme a connu une période iconoclaste où l'on interdisait la représentation imagée, ainsi qu'il en est dans l'islam.

Il existe donc cette capacité de pouvoir vivre en relation avec la présence divine en ayant le minimum nécessaire pour se tourner vers l'insaisissable. Peu à peu, on assiste à ce que l'on pourrait appeler une « substantiation », une dégradation dans laquelle la forme se sacralise de plus en plus.

Dans la tradition chrétienne, il est dit que « Dieu a fait l'homme à Son image » et l'on pourrait ajouter que l'homme lui rend bien Sa monnaie ! L'homme a tendance à faire Dieu à son image, à le personnaliser. Il faut absolument se méfier de cela. Car Dieu a fait l'homme à Sa ressemblance c'est-à-dire que l'homme possède cette capacité de réflexion, de polissage du miroir de l'âme afin de pouvoir réfléchir le divin qui est en lui. C'est l'union sacrée du soleil avec lui-même lorsqu'il se réfléchit dans un miroir. Sinon, le risque est de tomber dans l'idolâtrie.

Il est vrai que l'on ne peut pas représenter Dieu, l'Infini, même pas par le signe mathématique. Ce que l'on essaie de représenter, ce sont les attributs divins : la majesté, la bonté, la justice et la beauté divine, ce qui est exprimé par les yeux du Christ dans l'icône. De même est représenté le Bouddha de la Compassion. Quand j'étais petit, on m'a montré un jour un Bouddha qui souriait et l'on m'a dit que c'était le Happy Bouddha.

Dans l'idolâtrie, cette conceptualisation n'est plus Dieu qui se projette en nous, mais nous qui nous projetons dans quelque chose que nous fabriquons. En quelque sorte, nous jouons le rôle du divin en divinisant notre ego. C'est un peu comme dans la mythologie grecque où l'on projette nos tendances, nos pulsions, qui alors sont représentées sous des formes multiples.

Cependant, Jésus a dit : « Ne dites pas que je suis bon, seul Dieu est bon. » Ce qui veut dire que la source de la bonté est ailleurs ; la source de l'amour, la source de la compassion est ailleurs ; elle est dans le divin. Nous reflétons les qualités du divin, nous devenons le miroir où elles se reflètent et on peut parler de la relation qui peut être perçue comme étant anthropomorphique mais qui, en réalité, ne l'est pas. Cette mystérieuse alchimie se produit entre le divin et nous et par là même entre les autres et nous. Car les autres aussi ont cette dimension qui établit une relation entre nous tous. C'est cette interaction dont parlait Lama Denys : l'autre est le visage de l'autre, le cœur de l'autre.

La relation à l'autre peut devenir porteuse de cette ascension vers les qualités divines, vers cette alchimie divine, et là, nous sommes les uns pour les autres autant d'icônes. Les icônes ne sont pas seulement dans les temples. Alors, selon que le regard est ou non éveillé, l'autre est un voile ou bien une porte, une ouverture.

Si l'on ne voit dans l'autre que l'aspect psychologique, l'aspect idole dont parlait Jean-Yves Leloup, alors l'autre devient un voile. Mais si l'on arrive à dépasser cela et à entrer dans une relation spirituelle avec les autres, dans une relation qui passe par cette présence sensible, alors on devient un moyen d'ouverture vers l'autre.

Echos : Chanter pour se recentrer

L.D.T. : Parmi les techniques qui ont pour effet de nous recentrer, il y a la voie du son, de la musique, de la voix. Au début de cette rencontre inter-traditions, nous avons chanté le prologue de saint Jean, nous avons chanté *Om mani padmé houm*, nous avons chanté *Lâ ilâha illâllah*. Un chant, une musique, voilà un beau cadeau que nous pourrions rapporter de Bodhgaya. La fonction du chant, de la musique, à travers un mantra, une invocation ou autre, est de calmer le mental, de nous faire sortir de la dispersion des idées, des mots, et de nous recentrer. Ensemble, par la musique, par le son, il nous est donné de vivre comme les rayons complémentaires d'une roue en convergeant vers un moyeu vide. Et cette convergence étant surtout dans les valeurs communes que nous partageons.

J.-Y.L. : Le son a une qualité sacrée et fait entrer dans l'expérience sacrée de la musique. C'est une méditation, un exercice spirituel, une façon de vivre la présence. La musique sacrée n'est pas tant dans le contenu, dans la partition, que dans la façon de la vivre, de la jouer, d'être son jeu. Il y a une façon méditative de jouer de la musique et d'écouter, ce peut être une *sadhana*, une véritable pratique spirituelle.

Résurrection, réincarnation et karma

L.D.T. : Le terme sanscrit *karma* signifie « agissement » et le principe du karma est que tous nos agissements ont des conséquences. Le karma, c'est l'agissement dans tout son déroulement : cause et conséquence. C'est la séquence causale dans laquelle une cause produit un résultat et réciproquement tout résultat provient d'une cause. Autrement dit, le présent vient du passé et le futur du présent. Ce qui est particulièrement important dans la notion de karma est cet instant qui vient du passé et qui va déterminer l'avenir mais qui est le lieu d'une certaine liberté. Nous sommes dans le présent relativement conditionné et en corollaire relativement libre. Notre liberté est relative mais réelle. Elle est d'autant plus grande que nous participons plus pleinement de la liberté absolue, de la nature de Bouddha.

C'est en utilisant de façon harmonieuse cette liberté relative dont nous jouissons dans l'instant présent que nous pouvons nous transformer et transformer notre environnement. Cette liberté est ce qui fait de nous des personnes responsables. Aussi est-il juste de relier étroitement karma et responsabilité. L'enseignement du karma est celui de la responsabilité au sens où quelle que soit notre situation du moment nous avons la possibilité de la transformer ; cette possibilité est notre responsabilité, ce qui est tout le contraire d'une vision déterministe ou fataliste.

La causalité karmique est un principe qui sous-tend la discipline et l'éthique du Dharma et qui, dans une perspective de santé, nous apprend à cultiver les agissements positifs et à délaisser les négatifs. Au niveau relatif habituel qui est celui de la conscience, par nature dualiste, est vertu ou bienfait ce qui est bienfaisant autant pour soi que pour les autres. Toujours dans la perspective médicale du Dharma, est bienfaisant ou vertueux ce qui va dans le sens de la santé, c'est-à-dire de l'harmonie et du bien-être, et inversement, est non vertueux ou malfaisant ce qui va dans le sens de comportements pathogènes, sources de dysfonctionnements et de maladies du corps, de la parole ou de l'esprit, douloureux tant pour autrui que pour soi-même. Le développement de vertus commence avec le premier apprentissage : la discipline du corps, de la parole et de l'esprit. Celui-ci va consister à cultiver les vertus ou bienfaits du corps, de la parole et de l'esprit. Il y a différentes façons de le dire et de le faire. De la manière la plus simple, il s'agit de cultiver les dix actes positifs du corps, de la parole et de l'esprit, et d'éviter les dix actes négatifs qui sont leur opposé.

C'est cultiver une activité ou une énergie de conscience positive. Cette énergie est positive lorsqu'elle émane d'actes positifs car ils produisent des états de conscience sains et heureux, et négative lorsqu'elle émane d'actes négatifs car ils produisent des états de conscience malsains et malheureux ; c'est la causalité karmique. Le karma est de différentes façons l'énergie constitutrice de la conscience, c'est l'information qui met en forme la conscience dans tous ses états supérieurs ou inférieurs. C'est aussi l'énergie constituant la tension polaire de son fonctionnement dualiste sujet-objet. Le karma définit ainsi autant la nature du sujet et de son monde que la texture relationnelle, émotionnelle qui se vit entre les deux. Le karma constitue le monde et les êtres du *samsara*, le cycle de l'existence.

Dit autrement, le développement de vertus ou de bienfaits est l'éducation par laquelle se développe un bon sujet, un moi sain ou encore un bon ego, caractérisé par une attitude non égoïste et non passionnelle. C'est une personne qui a un moi équilibré et harmonieux et en ce sens vertueux, dont les caractéristiques sont la générosité, la compassion et la compréhension. Ces vertus sont les contraires des trois poisons de l'esprit que sont la possession, l'agression et l'indifférence. Ainsi, un ego vertueux n'est pas possédé et empoisonné par les démons que sont ces passions mais à l'inverse est ouvert, clair et compatissant. C'est un ego en lequel sont déjà présentes, dans une certaine mesure, les qualités éveillées. Le propos du Dharma est précisément de réaliser cette éducation ou apprentissage dans une perspective thérapeutique en remédiant aux poisons et en cultivant les qualités de santé, les bienfaits que sont les vertus telles que nous venons de les définir. Cette éducation se nomme le développement de bienfaits ou de karma positif.

Il y a dans le cheminement un deuxième développement qui est celui d'immédiateté. Il se réalise sur les bases et dans le cadre du premier. Le développement d'immédiateté est l'approche de la non-dualité. Il correspond à la dépolarisation de la conscience dualiste habituelle. Cette dépolarisation est concomitante à une réduction et à un épuisement de l'énergie karmique. L'épuisement final ou l'extinction de cette énergie karmique étant nommée le Grand Achèvement ou le Nirvâna. Le mot *nirvâna* ayant littéralement en sanscrit comme nous l'avons déjà vu le sens d'« extinction ». Le développement d'immédiateté est une dépossession, un abandon de soi.

Le développement de bienfaits est la constitution d'un bon ego, d'un ego structuré dans une énergie karmique positive ; le développement d'immédiateté est le passage dans l'au-delà de l'ego et de sa dualité, l'épuisement du karma.

Quelques mots sur la renaissance et la réincarnation. D'abord je voudrais dire qu'il y a aujourd'hui en Occident des conceptions très occidentales, très occidentalisées, oxydées, de la réincarnation ! On me dit quelquefois : « Vous, les bouddhistes, vous croyez à la réincarnation ! » Certainement pas ! Un bouddhiste qui vit dans l'intelligence profonde de sa tradition ne croit pas à la réincarnation. D'abord parce que le Dharma n'est pas une croyance, son propos n'est pas de croire, que ce soit en la réincarnation ou en autre chose. Il ne demande pas d'adhérer à une croyance ou à un credo. Ensuite et surtout parce que « réincarnation » est une mauvaise traduction, un mauvais rendu de la notion de renaissance qui, elle, est bien un enseignement du Bouddha. Expliquons-nous : d'abord, dans le contexte du Dharma, il n'y a pas vraiment de terme traditionnel sanscrit, tibétain ou autre qui puisse se traduire par « réincarnation ». La réincarnation, selon le dictionnaire français, est un « retour de l'âme dans la chair », une nouvelle incarnation de l'âme ; c'est l'âme qui reviendrait dans un autre corps. Mais dans la perspective du Dharma, il n'est pas d'âme, entité stable et perdurante, donc pas de réincarnation de celle-ci. La réincarnation est une notion animiste possible pour ceux qui croient en une âme éternelle ou permanente, mais pas pour un pratiquant du Dharma vivant dans l'intelligence de sa tradition.

Cependant, le Bouddha a enseigné la renaissance. La vision traditionnelle de la renaissance est celle de la continuité de la vie. La vie est un cycle fait d'alternances, d'apparitions et de disparitions, de naissances et de morts. La vie est faite de saisons qui se succèdent, de croissances et de décroissances, de naissances et de morts, et de re-naissances et de re-morts. C'est le cycle de la vie et de ce point de vue il est clair et indubitable que la vie continue après la mort !

Le problème est qu'habituellement nous nous identifions à un tout petit bout de vie, nous nous identifions à une vague de l'océan de la vie et avons l'impression que lorsque la vague meurt l'océan disparaît. Nous perdons l'intelligence de la vie dans sa totalité et sa continuité.

Mais il est une continuité d'informations, une continuité karmique de ce que l'on nomme *samskara*. Ce sont des informations qui vont orienter, mettre en forme un nouvel état de conscience individuelle. La conscience peut prendre différentes formes. Différents états de conscience individuelle se succèdent dans une continuité qui perdure jusqu'à ce que les facteurs karmiques, les *samskara* conditionnant la conscience individuelle, se soient épuisés. Ce qui est la grande extinction, la libération, le nirvâna. Dans une métaphore, à ce moment-là la cruche de l'individualité est brisée, l'intelligence de la conscience individuelle rejoint l'intelligence absolue, tout comme l'espace à l'intérieur de la cruche rejoint l'espace total dont il n'avait jamais été séparé, si ce n'est par l'illusion du récipient et de la séparation que celui-ci pouvait suggérer...

J.-Y.L. : Dans l'Evangile, on trouve une petite phrase qui résume bien la notion des enchaînements des causes et des effets : « Ce que l'on sème, on le récolte. » Ceci nous rappelle l'importance de notre responsabilité, en insistant sur le fait de ne pas perdre de temps, c'est-à-dire de ne pas se retourner en arrière et de ne pas nous projeter en avant.

Si nous voulons connaître notre vie passée, il suffit de regarder ce que nous sommes aujourd'hui ; et si nous voulons connaître notre vie future, il suffit également de voir ce que nous sommes aujourd'hui. Car ce que nous sommes est la conséquence de notre passé et la cause de notre avenir.

Donc, il suffit d'agir dans le présent, et c'est pour cette raison que le Christ insiste en disant : « Ne vous souciez pas du lendemain et ne vous retournez pas en arrière. »

Dans l'Evangile on retrouve une relativisation de la loi de l'enchaînement des causes et des effets ; cette loi, qui est une loi de justice, peut parfois devenir impitoyable. Et c'est alors que va apparaître la notion de pardon. Le pardon, c'est la possibilité de sortir de la chaîne des causes et des effets, de ne pas s'identifier aux actes du passé, de ne pas identifier quelqu'un au passé. Il y a donc une vertu libératrice du pardon qui est un espace de libération important.

Souvenez-vous de ce passage de l'Evangile où les disciples présentent à Jésus un aveugle de naissance et lui demandent : « Est-ce que cet homme est aveugle parce qu'il a péché dans une autre vie ou bien est-ce la faute de ses parents ? » Cela relève-t-il de la réincarnation (du temps de Jésus, la notion de réincarnation était donc présente), ou est-ce génétique ? Ni l'un ni l'autre, va répondre Jésus.

Cette réponse veut peut-être dire : « Arrêtez de rechercher les causes dans les vies antérieures car vous allez y passer beaucoup de temps et la souffrance sera toujours là. » Quant à l'explication génétique, il faudrait aller chercher du côté des parents, puis des grands-parents, et ainsi de suite jusqu'à la cause première. Jésus a dit : « Ni lui ni ses parents. » Ne cherchez pas la cause dans le passé, vous n'avez pas de temps à perdre. Jésus continue en disant que cette maladie est là « pour pouvoir manifester la gloire de Dieu ».

La gloire de Dieu, c'est la puissance du sujet, la puissance de la liberté car cette maladie est une occasion de dépasser son karma, justement de se dépasser, de ne pas s'identifier à cette maladie.

C'est une invitation à la fois à accepter cette infirmité de naissance et à la fois une invitation pour manifester sa liberté, la conscience qui va permettre d'évoluer. Faire de cette épreuve un exercice évolutif, une opportunité de faire grandir le sujet, une occasion de « naître de nouveau ».

Ici, on rejoint la différence entre les mots « réincarnation » et « résurrection ».

Le mot « résurrection » vient du mot grec *anastasis* qui signifie « se lever après le sommeil, se poser dans l'espace, dans la hauteur ». Ainsi, celui qui est ressuscité est celui qui est passé de l'état de conscience limité à un état de conscience sans limite. C'est pour cette raison que dans la tradition on dira que le Christ était ressuscité avant de mourir. Et lorsque saint Jean parle de « vie éternelle », cela signifie que la vie éternelle n'est pas opposée à la mort, qu'elle est avant, pendant et après la vie ; c'est la dimension d'éternité qui est au cœur de la vie.

Et c'est à cette dimension qu'il s'agit de s'éveiller, à ce non-né, non-fait, non-créé, à cette dimension de l'incréé. C'est cela, la résurrection. Aussi, lorsqu'on dit que le Christ est ressuscité et que nous sommes appelés à la résurrection, cela signifie que nous ne sommes pas appelés à nous réanimer, mais à nous éveiller au cœur de notre finitude, à la dimension d'éternité, dimension que dans un autre langage on appellera l'Eveil.

Vous vous rappelez la présence des deux larrons autour du Christ sur la croix. A celui qui ouvre son cœur, son intelligence, Jésus dit : « Aujourd'hui même tu seras avec moi au paradis », c'est-à-dire qu'il partagera cette conscience de l'éternité, de non-temps. Jésus ne lui dit pas qu'il faudra qu'il renaisse plusieurs fois pour se purifier. Un seul acte de liberté, d'ouverture du cœur, d'abandon et de confiance peut nous donner accès à cet espace d'éveil.

Il me semble que cela est très proche de l'expérience du Bouddha lorsqu'il dit qu'un simple moment de véritable méditation nous libère de tout un karma passé, parce que dans ce moment qui n'est plus dans le temps, nous sommes libérés des enchaînements de causes et d'effets. Nous ne sommes plus dans le *samsara*.

Nous avons donc la liberté de nous ouvrir ou la liberté de nous fermer ; nous avons le choix entre l'ouvert et l'enfer. En nous ouvrant au cœur même des conditions dans lesquelles nous sommes, en nous ouvrant à cet infini qui nous habite, nous entrons dans le monde de la résurrection. Dans toutes les traditions, le but n'est jamais la réincarnation mais l'Eveil, la résurrection, la délivrance du karma.

L.D.T. : Si je comprends bien, la résurrection est l'éveil de la conscience à l'absolu infini et éternel, ce que nous nommerions l'état de Bouddha. Il est sûr qu'un bouddhiste ne peut que se sentir tout à fait en harmonie avec cette vision de la résurrection. Poursuivant cette logique, la résurrection serait la fin de la renaissance de la conscience individuelle dans ses états conditionnés, la fin du cycle des existences conditionnées, le *samsara*. J'aimerais que tous les chrétiens partagent cette vue.

Pour ce qui est de la réincarnation, j'ai expliqué pourquoi le terme est malheureux dans le contexte bouddhiste et je voudrais juste mentionner que certaines notions auxquelles Jean-Yves fait allusion quand il parle de réincarnation sont plus hindoues ou du contexte juif de l'époque de Jésus que bouddhistes.

J.-Y.L. : Ne pourrait-on pas parler de « réinkarmation » ?

L.D.T. : Oui, ce serait une bonne façon de dire. La renaissance est une « réinkarmation », entendant par là que la renaissance a lieu dans la continuation d'un flux de karma, c'est-à-dire, comme nous l'avons expliqué, d'un flux d'informations et de tendances formatrices qui orientent la naissance vers un nouvel état de conscience. Mais je crains que cette explication ne sème encore plus de confusion chez un auditeur non averti. Aussi, dans cette perspective de renaissance, mieux vaudrait dire selon la formule traditionnelle que ce qui renaît n'est ni le même ni un autre.

La question habituelle devant une situation malheureuse est : « A qui la faute ? » Mais la question ne se pose pas ainsi pour un bouddhiste, c'est une question mal posée ou biaisée. Si on demande : « A qui la faute ? », on suppose implicitement qu'il y a un responsable – Dieu, le diable ou je ne sais qui, ou bien alors quelqu'un qui aurait fauté et qui reçoit une punition pour sa faute. La cause n'est pas quelqu'un, peut-être pourrait-on demander : « Quelle est la cause ? », ce qui semble plus juste. Mais en fait, il ne s'agit pas tant de s'interroger sur les causes et les origines que de se délivrer du problème.

Une célèbre parole du Bouddha illustre bien cela : « Si tu es frappé d'une flèche et que tu te demandes par qui elle a été tirée, de quelle direction elle est venue, quelle est son origine, sa cause, de quel bois elle est faite, quel est le nom de l'archer qui l'a décochée, sa lignée, sa famille, etc., tu mourras avant d'avoir la réponse. Frappé par une flèche empoisonnée, il faut savoir l'extirper immédiatement. » C'est très pragmatique. Dans une situation difficile, il s'agit de savoir traiter la situation concrètement plutôt que de se dire que l'on ne méritait pas cela ou de se demander ce qu'on a bien pu faire au bon Dieu pour qu'il nous punisse ainsi.

Si nous sommes tels que nous sommes, c'est le résultat de causes et de facteurs multiples œuvrant dans une interdépendance inconcevable. Il y a notre code génétique, notre environnement naturel, socioculturel, linguistique, tout ce qui nous a faits et tout ce que nous avons fait depuis que nous sommes nés. Mais dans tout cela il n'est pas question de faute, et l'important est que nous avons dans l'instant la capacité, la liberté de transformer, de purifier, de libérer les conditionnements qui font que nous avons les problèmes que nous avons.

F.S. : Dans la perspective des différentes traditions et peut-être afin de se placer dans une vision d'inter-compréhension, il serait bon de rappeler qu'il existe différents degrés de réalité.

Ainsi, par exemple, lorsqu'on parle du corps physique, on se rend compte qu'il est fait d'inter-relations, d'interactions et, à un degré supérieur, on pourrait dire la même chose des âmes, de ce *je*, qui ont un certain degré de réalité.

Reprenons la formule invoquée précédemment : « Il n'y a d'autre réalité que la réalité divine. » Cela signifie que toutes les autres réalités sont relatives, que seul le divin est absolu. Que ces réalités soient relatives ne veut pas dire qu'elles n'existent pas ; lorsqu'on parle de la réalité absolue, tout prend un sens différent. Il s'agit donc de repositionner les choses.

A un autre degré de réalité relative, il y a l'âme cosmique. Nous sommes tous dans un océan psychique qui n'est pas la réalité absolue. Mais nos âmes sont comme autant de vagues de cet océan. La vague a sa réalité relative et, par rapport à l'océan, sa relativité se fait, en quelque sorte, encore plus grande.

Alors, on peut saisir l'inter-relation existant entre les vagues, entre la naissance et la mort des vagues. Lorsqu'une vague meurt, elle se retrouve dans d'autres vagues qui renaissent quelque part. C'est à partir de cette vision que l'on comprend le principe de mort et de renaissance qui demeure toujours dans l'océan psychique qui est lui-même illusion.

Ce n'est pas par rapport à la vague individuelle qu'il faut concevoir la réincarnation mais par rapport à la vague psychique, à l'âme psychique, et ceci peut nous permettre de mieux comprendre l'erreur consistant à penser que la réincarnation serait de prendre une vague quelque part et de la remettre ailleurs, qu'une âme serait prise et placée dans un autre corps et ainsi de suite.

Derrière cette façon occidentale un peu superstitieuse de comprendre ou d'interpréter la réincarnation se trouvent des peurs, des anxiétés, des interrogations qui, en fait, sont les nôtres.

Pourquoi le mal existe-t-il ? Devant l'incapacité

de comprendre la dualité du bien et du mal, on dit : « Si ça se passe mal dans cette vie, ça ira mieux dans une autre. » C'est peut-être une consolation, mais ce n'est pas une réponse.

La vraie réponse se trouve dans la possibilité de transformation, la possibilité de manifester la gloire de Dieu à travers ce qui est et de voir au-delà du mal qui, lui-même, est de l'ordre du relatif. Le mal n'est qu'une ombre. Et c'est la dramatisation, l'absolutisation du mal qui rend le dépassement extrêmement difficile.

La difficulté provient du fait que nous sommes pris dans le jeu des interactions, de l'enchaînement des causes et des effets sur lesquels nous n'avons pas de contrôle. Ce n'est pas la peine d'aller chercher des explications, il n'y en a pas – ou tellement que cela non plus n'en vaut pas la peine !

On sait, en sciences physiques, par exemple, qu'il suffit qu'un papillon batte des ailes pour qu'à des milliers de kilomètres se lève une bourrasque !

Les explications diffèrent les vraies réponses, provoquent une sorte d'anesthésie. Cela est effectivement une forme de religiosité qui devient une sorte d'opium car on véhicule une certaine consolation.

D'où la nécessité d'avoir un rapport vertical avec le divin, et c'est en laissant s'affirmer en nous l'absolu du divin que ce qui apparaît comme absurde, non-sens pourra prendre une dimension beaucoup plus grande ; alors l'ombre se dissipera dans la lumière et ce qui paraît absurde s'intégrera dans l'harmonie. On sort du relatif pour entrer dans la paix de l'absolu.

Au lieu de chercher des pourquoi et des comment, il vaut mieux laisser cela au divin lui-même et c'est à Lui de trouver la solution, pas à nous. C'est Lui qui donne le sens. Toute solution individuelle demeure toujours fragile parce que le vent peut l'emporter. Comme le dit un proverbe soufi : « Laissons le maître du fardeau porter son fardeau. » C'est à Dieu seul qu'appartient la compréhension totale et absolue de toute chose.

En nous, des ouvertures s'opèrent et c'est là le sens de la résurrection spirituelle. Chacun de nous porte en lui ce projet, et nous sommes ce chemin qui doit se faire et tout ce qui arrive n'en est que l'occasion, la possibilité.

Pour ce qui concerne la notion de bien et de mal, je voudrais vous parler d'un passage du Coran où Moïse demande à un personnage mystérieux nommé Khidr de l'initier. Ce dernier personnage lui dit : « Je veux bien t'initier, mais à la condition que tu ne poses pas de question et que tu me suives. » Moïse lui répond : « D'accord. » Alors, ils montent sur un bateau et le passeur leur offre de traverser gratuitement la rivière. Au cours de la traversée, le mystérieux personnage se met à saboter un certain nombre de choses sur le bateau et Moïse, bien qu'il ne doive pas poser de question, réagit et lui dit : « Mais pourquoi donc fais-tu cela alors que ce passeur nous fait traverser gratuitement ?

– Je t'avais dit de ne pas poser de question. »

Moïse se tait. Lorsqu'ils arrivent de l'autre côté, le personnage lui dit : « Maintenant nous allons nous séparer, mais avant je vais te donner des explications sur ce qui s'est passé. Vois-tu, sur l'autre rive il y a un roi qui mobilise tous les bateaux pour faire la guerre. Or je sais que ce passeur a besoin de son bateau pour gagner sa vie. J'ai saboté le bateau pour que le roi ne puisse pas l'utiliser pour la guerre. » Le mystérieux personnage avait eu une vision de ce qui allait arriver et il avait endommagé le bateau pour rendre service au passeur.

La véritable signification de cette histoire est symbolique dans un laps de temps qui est le temps humain et donc relatif : certaines choses que l'on voit ici et maintenant peuvent apparaître comme mauvaises ; lorsqu'on prolonge le temps, ce qui peut sembler être un mal va finalement se révéler comme un bien. Il faut prendre conscience que le mal et le bien sont une perception toute personnelle, une perception relative dans une situation donnée. Le divin est au-delà de cette perception ; le divin est un Bien mais dans le sens absolu.

N'oublions pas que ce monde est celui de la dualité et c'est pour cette raison qu'il est le monde. Et la dualité existe justement pour aller vers ce chemin de retour au divin.

C'est vrai qu'il y a des guerres, des meurtres, toutes sortes de choses immondes ; mais c'est vrai aussi que l'on rencontre des actes de générosité remarquables, des actes d'amour extraordinaires. Il ne s'agit pas de combattre deux absolus mais le combat s'intensifie jusqu'à ce que la relativité du mal apparaisse comme une pure illusion.

En ce qui concerne le pardon, je dirais que c'est une manière de ne pas répondre à la dualité, de ne pas répondre au mal par le mal. Affirmer la lumière plutôt que l'obscurité pour combattre l'obscurité. Il faut savoir poser un acte d'acceptation, même à une injustice : c'est aussi cela, le pardon. Ceci est une façon, mais il est certain qu'il peut y avoir d'autres possibilités.

On peut se poser la question de savoir s'il y a une limite au pardon. Pour aborder ce sujet il est important de revenir à la notion de degré dans les consciences de l'être. Sachons prendre conscience que nous sommes des êtres humains avec nos limitations en ayant comme modèle le divin qui est l'absolu dans lequel il n'y a pas de limite au pardon.

Nous vivons dans le relatif ; nous vivons dans une société qui a ses règles, des règles relatives qui sont nécessaires et, à l'intérieur de ce relatif, il faut savoir favoriser le pardon. Si les règles de la société deviennent absolues, cela aboutit alors à l'absolutisme, à la dictature, au totalitarisme. Alors les règles s'inversent et, en voulant imposer le bien, la lumière se transforme en obscurité. En voulant faire le bien, on peut faire le mal.

J.-Y.L. : Lorsqu'une personne souffre, c'est la compassion qui s'impose. Il n'est pas question de lui dire : « Ce qui t'arrive là, c'est une illusion, c'est relatif, c'est un manque de lumière. »

Il faut prendre en considération la réalité de la souffrance vécue subjectivement, de cette souffrance personnelle avec une causalité. Mais cette souffrance peut être aussi une somatisation de quelque chose qui relève de l'inconscient collectif et là rejaillit le problème de la souffrance des innocents.

Accompagner certains enfants dans leur souffrance est quelquefois totalement insupportable car on a l'impression qu'il s'agit là d'un karma familial, qu'en fait c'est toute une collectivité qui souffre en eux. On a l'impression que ces enfants somatisent un enchaînement de causes et d'effets dont ils ne sont pas responsables. Et d'ailleurs ceci est valable non seulement pour les enfants mais aussi pour des adultes.

Dans ces circonstances, l'attitude juste, qui s'ajuste, consiste d'abord à voir la réalité de celui qui a mal et puis, peut-être, comme le rappelaient Faouzi et Lama Denys, à passer par différents niveaux.

Il y a un moment dans notre vie où l'on est obligé de passer au-delà de la notion de bien et de mal. Nous nous trouvons ici dans le lieu où le Bouddha a été éveillé, celui-là même où il a cessé de chercher l'Eveil. Vient un moment où l'on cesse de chercher à comprendre afin d'agir avec cette compassion qui nous fait poser l'acte juste.

Cela me rappelle l'un de mes premiers voyages en Inde avec un ami yogi. Dans une rue, je vis une femme sur le point de s'évanouir qui demandait à manger. Je fis un geste pour la soutenir et cet ami yogi me dit : « Non, ne fais rien car tu vas l'empêcher de vivre son karma. » Je lui ai répondu : « Si moi je ne fais rien, je ne vais pas vivre mon propre karma ! »

Souvenez-vous de ce que disait Mère Teresa : « Ce que je fais ne sert à rien. C'est juste une goutte d'eau dans l'océan, mais l'océan est fait de gouttes d'eau. »

Chacun est une goutte d'eau pour calmer l'incendie de la souffrance.

L'important n'est pas dans les théories que l'on exprime sur le bien et sur le mal mais dans la goutte d'eau que chacun peut donner : lui-même.

L.D.T. : Dire devant quelqu'un qui souffre : « Laissez-la vivre son karma » n'est certainement pas bouddhiste ni une compréhension juste du karma ! C'est malheureusement une déviation que l'on rencontre certaines fois dans le brahmanisme moderne.

La vision juste du karma est que nous avons à chaque instant un libre arbitre pour répondre à la situation avec compassion et compréhension et, quand cette situation est pénible, en accueillant la souffrance de l'autre et en lui donnant de soi, dans ce que l'on est de meilleur, dans cette ouverture que nous pouvons sentir dans la pratique de Tonglèn, « accueillir-offrir ».

Aussi, au sujet du bien et du mal, il me semble que la métaphore de l'ombre et de la lumière est fort utile si l'on fait bien remarquer que l'ombre n'est pas le contraire de la lumière, mais un manque ou une absence de lumière, un obscurcissement. Et si la lumière était intelligence, connaissance ou gnose, à ce moment-là l'ombre est absence de cette intelligence et de cette gnose. L'ombre est ignorance qui est absence d'intelligence. L'ignorance est l'intelligence voilée, obscurcie. Pareillement, le mal qui procède de l'ignorance n'est pas le contraire du bien qui procède de l'intelligence. Le mal n'est pas une entité ou un principe, c'est une profonde ignorance.

On peut aussi considérer une seconde analogie qui est celle de la santé et de la maladie. Il est important de la mentionner puisque notre thème général est la thérapie sacrée. La santé est le bien, la maladie est le mal, l'absence de santé. Dans la mentalité occidentale habituelle, le mal est plutôt considéré comme le principe contraire au bien. La question du bien et du mal est très monothéiste et ancrée dans son juridisme.

Plutôt que de parler de bien et de mal, il est plus juste dans la perspective bouddhiste de parler de santé et de pathologie, de ce qui est positif ou négatif, au sens de sain ou malsain. Il est évident que la maladie n'est pas le contraire de la santé, mais un dérèglement de celle-ci...

Le bouddhisme a cependant aussi ses démons. Mara en est le maître. Je ne vais pas vous faire une présentation de la démonologie tibétaine, sachez juste qu'il y a des démons de tout poil et de toutes les couleurs, des démons bigarrés, composites et androgynes.

D'un point de vue bouddhiste, le démon est l'illusion qui provoque la coupure, la séparation. Le démon est le diable, *diabolos*, « ce qui sépare » ; c'est l'ignorance qui fait vivre la séparation, la dualité. De ce « grand démon » qu'est l'ego procèdent ensuite toutes les pulsions égotiques qui peuvent alors être nommées pulsions démoniaques. Si l'on donne à ces mots leur sens véritable, c'est une façon forte et parlante de présenter la réalité.

Echos : Sortir de la dualité

J.-Y.L. : Un livre peut venir nous éclairer, c'est le Livre de Job. Vous savez que tous les malheurs qui peuvent arriver à un être humain s'abattent sur Job : il perd ses enfants – qu'y a-t-il de plus grave pour des parents ? Il perd ses richesses, sa santé. Tout lui est enlevé.

Et ses amis, ses bons amis, viennent lui donner beaucoup d'explications à ce qui lui arrive. Mais pour Job, cela lui devient totalement insupportable et il les envoie tous promener, il dit non à leurs explications, non à toutes les causes passées qui provoquent son malheur. Non, non et non ! C'est le cri de l'innocence que l'on peut entendre parfois, y compris en nous-mêmes. « Qu'est-ce que j'ai fait ? » En réalité il n'y a pas de « qu'est-ce que j'ai fait ».

Job vit alors le deuil de son « Bon Dieu ». Il va découvrir que Dieu n'est pas bon ! Ou du moins pas bon comme il l'imaginait, c'est-à-dire comme le contraire du mal.

Dieu en effet n'est pas lumière contraire des ténèbres, Dieu est ce qu'il est. Et pour Job, c'est un moment terrible car il perd tous ses repères et c'est ce qui va le faire passer au-delà du bien et du mal. Il va découvrir un Dieu qui est Dieu, une Réalité qui est la Réalité et la Réalité, c'est le parfum de la rose avec ses épines. Si vous enlevez les épines à la rose, vous lui enlevez son parfum car c'est dans les épines que se cache l'essence du parfum.

La difficulté vient d'accepter la réalité dans sa totalité, d'accepter que le réel contient ce que nous appelons « bien », ce que nous appelons « mal ». Mais c'est toujours nous, c'est toujours par rapport à nous. Mais c'est là aussi qu'il y a un dépassement à vivre. Quelles que soient nos théories, toutes conduisent à une impasse.

On peut faire du mal une occasion de désespoir, d'enfermement – l'enfer, c'est s'enfermer dans le mal dans lequel on est, dans les symptômes, dans la souffrance. On peut aussi faire du mal une pâque, un passage, un lieu de transformation : cela est notre responsabilité.

Non-violence et liberté intérieure

QUESTION : *On ne peut pas abolir l'illusion, l'ego, par une décision. Alors, comment se situer par rapport à l'ego, comment vivre avec lui ?*

L.D.T. : L'approche juste est une approche de non-violence, de non-agression. Vous ne pouvez pas abolir l'ego par décret ou décider que vous ne voulez plus de votre ego. « Ego, je ne veux plus de toi, va-t'en ! », c'est l'ego qui parle. Comprenez bien que si vous agressez votre ego, cette agression est celle de votre ego, c'est l'ego qui s'agresse, qui s'auto-agresse. Aussi l'approche juste est celle du non-agir de l'ego, c'est une approche de non-intervention, laissez-le tranquille ou tout simplement restez tranquilles, comme c'est, sans intervenir. C'est facile à dire mais cela pose des problèmes en pratique, c'est ce que l'on nomme la pratique de *samatha*. Il y a différentes façons de la cultiver dont l'attention ouverte au souffle.

Il y a nécessité d'une réconciliation intérieure,

d'une amitié, d'une acceptation de soi. Autrement vous êtes en lutte avec vous-mêmes, l'ego lutte contre lui-même, ce qui, finalement, est pour lui une excellente façon de se maintenir et même de se développer.

QUESTION : *L'ego, c'est comme un grand chien qui me suit toujours ; faut-il lui dire : « Maintenant tu te couches, tu restes dans ton coin » ?*

L.D.T. : C'est un peu trop directif, ce genre d'approche autoritaire a tendance à provoquer des réactions et même des rebellions. Laissez donc le chien tranquille, restez tranquille, simplement.

J.-Y.L. : Et quand le chien dort ?...

L.D.T. : Oui, laissez le chien dormir dans un état d'ouverture et de lucidité. Vous savez, dans certaines vieilles mythologies, le grand chien qu'est l'ego se nomme dragon. Il s'agit d'apprivoiser le dragon. Le « domptage » du dragon ne se pratique pas dans l'agressivité ou dans la violence. C'est là un point extrêmement important : lutter contre l'ego est comme lutter contre son ombre, c'est même exactement ce dont il s'agit. Plus vous vous agitez pour frapper votre ombre, plus celle-ci s'agite et s'anime. Votre animation l'anime. Personne n'a jamais réussi à mettre son ombre KO. Dans notre image le dragon c'est l'ombre, c'est vous qui l'agitez, c'est votre propre ombre. Dompter le dragon, dompter le monstre est un acte d'amour, de compassion, de non-violence, de non-lutte. Offrez-vous au dragon, abandonnez-vous, laissez-vous dévorer. Dans l'absence de lutte, le monstre ou, comme on dit aussi, les démons s'évanouissent. Cela demande bien sûr du courage, une confiance sans faille, absolue.

F.S. : Il y a une image tout à fait explicite de cette lutte avec l'ombre : Farid Ouddin Atar raconte l'histoire du chien qui essayait de boire et qui, chaque fois qu'il s'approchait du rivage, voyait son image dans l'eau et repartait complètement effrayé. Alors, avec beaucoup de précautions il revenait au bord de l'eau, et chaque fois il voyait un autre chien qui voulait lui sauter dessus. Alors il repartait. Exténué par la soif, il a fini par se jeter à l'eau.

Je crois que c'est une bonne image de ce jeu de l'ego avec son ombre, avec lui-même, avec ses peurs et ses désirs : c'est ce qui entretient l'existence même de l'ego. Mais progressivement naît une soif, une soif spirituelle, une soif de Dieu qui nous amène à aller au-delà de nos peurs. C'est le désir d'Amour qui, en définitive, est plus fort que l'ego. Mais encore faut-il que cette soif s'installe.

L.D.T. : Cette image du chien qui se voit dans l'eau est la même que celle utilisée par Bertolucci dans son film *Little Buddha.* Avant l'Eveil, Siddharta, le futur Bouddha, rencontre Mara, le prince des démons, l'ego. C'est Siddharta lui-même qui en miroir se transforme en Mara. Puis vient l'assaut de Mara, Siddharta demeure imperturbable et les armes de Mara deviennent des fleurs aux pieds du Bouddha. C'est la confiance, la foi absolue, qui permet le plongeon ou l'abandon. Il ne s'agit de rien de moins que de s'abandonner.

QUESTION : Dans la position de non-violence qui est synonyme de connaissance, quelle va être l'attitude par rapport à une violence, une agression ?

L.D.T. : Il est difficile de dire que non-violence est synonyme de connaissance sans s'exposer à de nombreuses possibilités de mauvaises compréhensions. Pourtant, la non-violence ultime, le non-agir de l'ego est en définitive synonyme de connaissance immédiate.

Face à la violence, la non-violence est une réponse extrêmement pertinente. Face à la violence de l'ego, la non-violence est adéquate ; considérez la lutte avec son ombre dont nous venons de parler, c'est un exemple de non-violence et aussi, si l'on agit violemment, de comment la violence génère la violence.

Gandhi disait : « Entre une personne qui est lâche et une personne qui est violente, je préfère la personne violente parce que, souvent, notre non-violence est une lâcheté, une façon de démissionner qui est non seulement complaisance mais aussi complicité avec la violence. »

L'Evangile dit : « Quand on te frappe sur une joue, tends l'autre. » Il n'est pas dit de tendre la même joue ni de prendre la fuite. Notre réaction à la violence est généralement de répondre par la violence, ce qui fait encore plus de violence, ou par la lâcheté, ce qui est complaisance ou complicité.

Le Christ répond à la violence par la conscience : ne pas tendre la même joue. Il s'agit donc d'une autre conscience, d'une autre façon d'agir, autre que la violence et la lâcheté, que l'on découvre dans l'instant.

Pour reprendre l'image de la cruche employée précédemment, si l'on sait que « c'est l'espace qui est à l'intérieur de la cruche qui remplit tout l'univers », alors il n'est plus nécessaire de casser la cruche, c'est-à-dire notre ego, la forme, le paquet de mémoire que nous sommes. Si nous prenons conscience du Soi, de l'infini, de l'espace qui l'habite, il n'y a plus de raison de vouloir « casser » l'ego. Ni de le détruire.

On en revient à ce que l'on disait tout à l'heure : c'est toujours l'ego qui veut se débarrasser de l'ego. Il s'agit d'accepter que nous sommes des cruches et de nous ouvrir, de nous remettre dans l'« ouvert ».

QUESTION : *Alors, si je suis agressé physiquement, que dois-je faire ?*

J.-Y.L. : C'est là qu'interviennent les techniques des arts martiaux. S'opposer à la violence ou laisser faire ? Oui, je vois bien la différence, mais que faire ?

Il n'y a pas d'attitude juste, il n'y a que des attitudes qui s'ajustent.

Vous connaissez l'histoire de la vieille chatte. Un homme avait dans sa maison un rat très dangereux qui détruisait tout. Il fit appel à des chats spécialistes, tout à fait remarquables dans la lutte anti-rats. Il fit donc venir un chat qui avait connu de nombreux combats et, quand le chat vit le rat, il se jeta dessus, se battit avec lui et fut vaincu. Et le chat dit : « J'ai connu bien des rats, je n'ai jamais été battu ; mais ce rat-là est trop fort pour moi. »

Arrive un autre chat qui dit : « Moi, je m'y connais : la force qu'il emploie contre moi, je dois l'utiliser pour la retourner contre lui-même. » Alors il prend la force du rat, la retourne contre lui, mais ça ne marche pas. A son tour il est vaincu.

Vient ensuite un chat qui dit : « Je sais que ce n'est pas par la force, par le combat que j'y arriverai, mais par la puissance de la pensée, par la puissance du mental : je me concentre et, quand le rat arrive, je le visualise, je le dissous, je connais bien cette technique. » Mais là non plus ce n'est pas une réussite et le chat est battu.

C'est alors qu'apparaît une vieille chatte. Elle entre dans la maison, prend le rat par la peau du cou et le met dehors. Evidemment, tous les autres chats sont surpris et lui demandent : « Quel est ton maître ? Où as-tu appris cette technique, ce fut très rapide et on n'a rien vu ? » La vieille chatte répond : « Je n'ai pas de technique, j'ai juste vu que le rat n'était pas à sa place dans cette maison, alors je l'ai pris par la peau du cou et je l'ai mis dehors. C'est tout. Si j'avais eu une technique, le rat l'aurait senti ; là, il n'a rien pu prévoir pour se défendre. »

Et la vieille chatte de préciser : « En fait, je ne suis pas une grande chatte dans le domaine de la chasse aux rats. Mais allez donc voir ce vieux matou qui est toujours sur son banc, là-bas : il ne fait rien du tout, mais ça fait cinq ou six ans qu'on n'a plus vu de rats dans la région... »

Cette histoire rejoint celle du maître et de son disciple qui, tous deux, fabriquaient des couteaux absolument impeccables, des épées parfaitement effilées. Il était impossible de distinguer ce qui avait été fabriqué par le maître ou par le disciple. Le seul moyen de voir la différence consistait à mettre les épées dans l'eau, dans le fil du courant. Quand une feuille arrivait, elle allait se faire découper par le milieu par l'épée du disciple. Mais on reconnaissait l'épée façonnée par le maître car toutes les feuilles mortes faisaient un petit détour.

Tout cela pour dire que l'on ne peut pas répondre à votre question. Parfois il arrive que les événements nous agressent et, si l'on est bien « affûté », on peut s'y ajuster par la discrimination ; d'autres fois, les événements nous épargnent parce que l'on est dans l'attitude ajustée à l'instant.

F.S. : L'idée de non-violence n'est pas simplement un principe mais concerne plutôt un état. Si l'on se dit : « Je suis non violent », on risque d'avoir un certain nombre d'attitudes fausses qui ne conduisent pas nécessairement à la non-violence.

Qu'est-ce que signifie « C'est un état » ? Il faut bien nous prendre comme nous sommes et nous ne sommes pas forcément dans cet état. Cet état, en fait, est liberté, non-réaction aux peurs et aux désirs intérieurs.

Certaines situations de violence sont provoquées par soi-même. Mais il ne faut pas se culpabiliser, nous ne sommes pas parfaits. Nous avons nos désirs, nos peurs, et il est vrai que le travail de non-violence consiste à empêcher cette provocation. En réalité, ce qui est à l'intérieur se rattache à ce qui nous arrive à l'extérieur. Pour illustrer cela, voici deux histoires.

Nasrudin se trouve au milieu d'une foule, en compagnie d'un ami et il lui dit : « Combien paries-tu que je fais courir tout ce monde-là ?

– Là, tu m'étonnes ! Je ne crois pas que tu puisses faire courir tout ce monde, s'exclame l'ami.

– Si, si ! » dit Nasrudin.

Et, immédiatement, il se met à courir comme s'il avait fait quelque chose de vilain, de mal. Et tout le monde se met alors à courir après lui en criant : « Attention ! Rattrapez-le ! », chacun pensant que l'autre devait savoir pourquoi il courait ainsi !

C'est un peu ce qui se passe en nous avec la peur. Les gens qui se font mordre sont en général ceux qui ont une peur bleue des chiens. Et même quand ils se disent : « Je ne vais pas avoir peur », le chien se rend bien compte qu'il y a quelque chose qui ne va pas. Il se passe quelque chose au niveau de la réaction.

La deuxième histoire est un peu concomitante de celle-ci.

Nasrudin est agacé par des enfants qui lui demandent des bonbons, des gâteaux. Alors il leur dit : « Vous savez, allez là-bas, il y a une fête formidable.

– Ah, c'est vrai, Nasrudin ?

– Oui, oui, c'est une grande fête et vous aurez tout ce que vous voulez. »

Alors tous les enfants partent vers cette prétendue fête et Nasrudin, les voyant tous s'éloigner, réfléchit un moment et se dit : « Mais c'est peut-être vrai, il y a peut-être une fête ! » Et il se met lui aussi à courir vers cet endroit !

Finalement, nous sommes un peu dans cette situation !

Toutes ces histoires ont été racontées par des gens qui savent rire d'eux-mêmes, qui se rendent bien compte de toutes ces situations qui sont en nous, de toutes ces illusions que nous avons. Cela est humain.

Nous sommes cela et en même temps nous avons la possibilité de nous améliorer tout en sachant que ces mécanismes nous habitent. Mais le fait de comprendre les choses intellectuellement ou mentalement ne transforme pas pour autant leur réalité...

Rions de l'illusion !

Question : *Quelle différence voyez-vous entre le « spirituel » relatif à un cheminement vers la lumière et le « spirituel » qui signifie avoir de l'esprit, avoir de l'humour ? Autrement dit, est-ce que lorsqu'on arrive « en haut », c'est la « joie de vivre » et alors, dans ce cas, le mot « spirituel » a-t-il toujours le même sens ?*

J.-Y.L. : Tout dépend de la langue que l'on parle. Si l'on parle grec, le mot « esprit » correspond au mot *noôs* qui signifie « pensée » ; on dira de quelqu'un qu'il est spirituel lorsqu'il a un esprit vaste, développé. Cette personne a un esprit d'ouverture, un esprit ouvert à la lumière, une lumière qui pétille, ou qui éblouit, ou qui simplement éclaire. Il s'agit bien de l'esprit, de l'intelligence.

Dans la pensée hébraïque, le mot « esprit », c'est le *pneuma*, le souffle. Donc, quelqu'un de spirituel est quelqu'un qui a de l'esprit, qui est intelligent, qui pétille et qui a de l'humour. Mais c'est aussi quelqu'un qui respire profondément, c'est un « pneumatique ». C'est pour cela que chez l'apôtre Paul, par exemple, il est sans cesse question de passer de l'homme psychique à l'homme pneumatique, que l'on traduit par l'homme spirituel.

L'homme psychique est aussi celui de la pensée et de l'humour, tandis que le « pneumatique » appartient au monde du souffle qui nous inspire ; parfois, le souffle respire en nous de façon haletante, difficile, empêchée, et d'autres fois, il respire au large, il est tranquille et souple.

Votre question est une bonne question car, lorsqu'on dit de quelqu'un qu'il est « spirituel », est-ce que cela signifie qu'il est intelligent, qu'il a des mots d'esprit ou bien est-ce que cela veut dire qu'il respire profondément, qu'il est inspiré ? Dans la tradition hébraïque, il s'agit davantage d'une personne inspirée, une personne qui respire au large.

L.D.T. : J'aurais tendance à dire qu'il existe un lien profond entre les deux. Un « spirituel » qui vit dans la lumière est inspiré par celle-ci. L'inspiration lumineuse est vive, claire, brillante... La parole inspirée est une parole qui a la tonalité de l'instant, qui est en harmonie avec l'instant, elle est fraîche, vivante, inspirante.

C'est pourquoi des personnes qui ont une certaine « hauteur de vue » ont naturellement le sens de l'humour car dans une vue aérienne le terrain de la vie se voit avec le jeu de ses polarités, de ses dualités, de ses oppositions illusoires. Cette vision permet de relativiser, de dédramatiser, elle est source d'un profond sens de l'humour. En voyant le jeu de l'illusion, on n'est pas pris dans le pathos de ses tragédies, et en voyant le jeu de sa propre illusion on ne se prend pas trop au sérieux.

F.S. : Dans *Les Nouvelles Béatitudes*, dont l'auteur, probablement de notre génération, est, me semble-t-il, anonyme, j'ai lu entre autres ceci : « Bienheureux ceux qui savent rire d'eux-mêmes, parce qu'ils n'ont pas fini de s'amuser ! » C'est un beau proverbe, une belle devise.

En effet, je pense que beaucoup de nos mots, de nos rires et de notre humour viennent de là. Dans une voie spirituelle, il existe cette possibilité de se voir avec tous ses travers, tous ses fonctionnements. Ou bien on se prend très au sérieux, on absolutise, on dramatise, ou bien on voit clairement nos fonctionnements, et de tout cela on rit.

C'est pour cela que dans de nombreuses traditions on retrouve le personnage excentrique, le bouffon. Ainsi Nasrudin, dans le soufisme, se prête tous les jours aux rires et à rire de lui-même ; il est idiot, mais dans cette idiotie, il est extrêmement rusé. Il incarne un peu l'image de nos fonctionnements et pouvoir en rire nous libère. Un proverbe chinois dit : « Personne ne rit de celui qui rit de lui-même. »

De quoi le rire nous libère-t-il ? De l'opinion des autres, de ce qu'ils pensent de nous. C'est un détachement qui est extérieurement important et salvateur. En même temps, ce rire-là libère le souffle, libère cette lumière qui est conscience de soi. Il est nécessaire de ne pas se prendre au sérieux car cela est fondamental pour pouvoir espérer faire quelques pas...

Un regard sur la femme selon les traditions bouddhistes et monothéistes

L.D.T. : Dans la perspective du Dharma, la nature de l'esprit et la nature de l'illusion sont exactement la même nature que l'on soit homme ou que l'on soit femme, il n'y a absolument aucune différence.

La discussion de savoir si les femmes ont une âme ne se pose pas... elles n'en n'ont pas !... et les hommes non plus !

Nous sommes tous égaux dans le non-ego, dans la nature du Bouddha. Cette perspective fondamentale du Dharma s'est ensuite insérée dans les différents milieux culturels.

A l'époque de Bouddha, la société brahmanique était à dominante patriarcale intégrée dans le système des castes. Le Bouddha s'est profondément opposé aux ségrégations brahmaniques. Il fut un révolutionnaire de ce point de vue. Il a proposé une voie de libération ouverte à tous indépendamment de leurs origines et de leur sexe. Il fit preuve d'un esprit novateur immense lorsqu'il admit des moniales dans l'ordre, ce qui était complètement hors des coutumes de l'époque.

Dans les différentes civilisations où le Dharma s'est répandu, il a toujours eu une attitude extrêmement égalitaire, allant à l'encontre des tendances racistes ou sexistes. Mais le Dharma n'impose pas un ordre social. Sa voie de libération s'intègre aux civilisations et certaines ont gardé, bien que tempérée, une dominante masculine.

Récemment Sa Sainteté le Dalaï-Lama a proposé la réunion d'un concile bouddhiste afin que soit promulguée une révision de la règle monastique dans laquelle il y a encore subordination des moniales par rapport aux moines. Dans l'esprit du Bouddha, cela reviendrait à rectifier un héritage de l'Histoire.

Les femmes sont particulièrement importantes dans le tantrisme : elles sont Sagesse et Ouverture tout accueillante ; les hommes sont Action et Compassion. C'est de leur union que naît l'Eveil.

Dans la lignée Champa Kagyu, notre tradition, ce sont deux femmes qui sont à l'origine de la transmission.

F.S. : Dans le soufisme, la présence des femmes est particulièrement importante. Parmi les grands noms du soufisme figurent un certain nombre de femmes, dont Akabia Hadaouya qui demeure toujours présente par ses sentences, par son enseignement et par sa poésie qui parle de l'embrasement de cet amour divin et de cette voie de la non-dualité.

Evidemment, le problème est plus complexe sur le plan social parce que l'islam vient d'une société fondamentalement patriarcale. D'ailleurs, on pourrait écrire une histoire du Prophète basée uniquement sur son rapport avec les femmes, rapport extrêmement affectueux, extrêmement profond. Il faut préciser que cette relation avec les femmes était assez particulière dans un univers où, il est vrai, un certain machisme était de rigueur. Souvent, les compagnons du Prophète lui disaient : « Attention, il ne faut pas aller trop loin, on va être débordés. » Mais avec le temps s'opère toujours une adaptation, un « recadrement », un ajustement salutaire.

En fait, la femme a très souvent été victime de la peur qu'elle inspire à l'homme. Et l'homme n'a pas su gérer cette peur et la transformer afin d'avoir une vraie relation avec la femme. En refoulant cette peur, on essaie de cloisonner, de séparer. C'est la peur de la présence féminine qui crée une réaction alors que cette peur ne dépend pas de la femme.

Ceci dit, il existe dans le soufisme une grande dimension de féminité, une dimension de l'amour spirituel qui est très, très forte. Dans toute la poésie soufie, Dieu est appelé d'un nom de femme : Leïla.

« Je cherche Leïla alors que c'est en toi qu'elle s'est manifestée et tu la crois autre que toi-même. »

« Leïla a pris ma raison. Je lui dis : O Leïla, sois compatissante envers celui que tu as déjà tué. » Tué ici veut dire « tué d'amour ».

L'image de Leïla est un symbole par rapport à cette essence qui se voile et se dévoile, par rapport à la subtilité, à la beauté divine et par rapport aux lois de l'amour. L'amour nous apprend l'humilité, la persévérance, le don de soi. Il y a passage au-delà du conceptuel et la présence de la dimension féminine nous révèle la profondeur, la grandeur spirituelles.

D'ailleurs, Ibn Arabi dit que la plus haute représentation que l'on puisse se faire de la divinité est celle d'une femme, de la féminité, cette représentation étant naturellement toute symbolique.

J.-Y.L. : Dans le christianisme, on ne manque pas de mères ni de petites filles, on manque de femmes. On a fait l'apologie de la mère, de la vierge mais pas de la femme en tant que femme. Ou alors, ce sont des prostituées. Là où ça manque de femmes, ça manque d'hommes ! Tout cela provient de l'absence de reconnaissance du féminin. La découverte de l'Evangile de Myriam de Magdala contribue à révéler ce refoulement du christianisme.

Les grandes révélations du Christ ont été faites à des femmes. C'est à la Samaritaine que Jésus va parler de la prière dans le souffle et de la vigilance ; c'est à Myriam de Magdala qu'il va révéler sa résurrection, cet état de liberté à l'égard de l'espace et du temps.

Ce qui nous est rappelé, au-delà de la femme, c'est l'importance du féminin, à savoir que nous ne pouvons avoir accès au spirituel qu'en passant par le féminin.

Que l'on soit homme ou que l'on soit femme, le grand problème est celui des noces, les noces du masculin et du féminin. C'est pour cela que j'aime beaucoup cette parole de l'apôtre Paul qui dit : en Christ, c'est-à-dire lorsque l'on est entré dans l'archétype de la synthèse de l'humain et du divin, de l'éternel et du temps, de l'infini et du fini mais aussi du masculin et du féminin, alors « il n'y a plus ni mâle ni femelle, il y a des personnes. Et l'important c'est d'être des personnes ».

A l'origine, la communauté chrétienne était composée de personnes masculines et féminines, sexuées, bien sûr, de vrais hommes et de vraies femmes, mais au-delà de leur différenciation sexuelle.

Il y avait alors une circulation du souffle à travers les personnes, hommes ou femmes ; souvenons-nous également qu'en hébreu, le mot *rouah*, qui signifie « Saint-Esprit », est un mot féminin.

Question : Que pensez-vous de la chasteté ?

J.-Y.L. : C'est un sujet important car la sexualité peut être sacrée.

Il n'y a pas de terre sacrée, il y a une façon sacrée de marcher sur la terre ; il n'y a pas de musique sacrée, il y a une façon sacrée de chanter, de célébrer. De la même manière, au niveau de la sexualité, il y a une façon sacrée de la vivre. Dans la sexualité, on peut introduire une qualité d'amour et de conscience qui en fait un acte sacré où Dieu est réellement présent, puisque c'est le lieu de l'incarnation.

Vous voyez la différence entre les anthropologies : dans certaines cultures, on dira que le corps est le tombeau de l'âme, dans d'autres, comme le dit saint Paul, le corps est le temple de l'Esprit. Et là, il s'agit de traiter notre propre corps et le corps de l'autre comme étant le temple de l'Esprit, le lieu de la « Sophia ». Autrement, le corps devient un lieu profane et un lieu profane est un lieu profané, un lieu où la conscience et l'amour n'ont pas pénétré.

La virginité est le silence de l'esprit. Et quand on dit que Marie est vierge, cela signifie que le Verbe va se concevoir dans ce silence. Quand on parle de l'Immaculée Conception, cela veut dire que le Logos naît de l'immaculé, du silence qui est en nous. Et cela est une expérience, car, comme le dit Maître Eckhart, « nous sommes tous appelés à devenir mère de Dieu ».

Nous avons à devenir vierges, à entrer dans le silence du mental et du cœur et, à ce moment, une autre conscience, le Logos va pouvoir naître. Il y a là une expérience spirituelle qu'on réduit souvent à des catégories charnelles.

L.D.T. : Oui, j'aime bien cette vision de l'Immaculée Conception. Dans une intelligence bouddhiste, l'Immaculée Conception est la conception immaculée, c'est-à-dire la conception de l'esprit qui n'est pas maculée ou souillée par la discursivité du mental. C'est l'intelligence d'une conception qui se conçoit en elle-même, une conception sans concepteur, pensée sans penseur. C'est l'intelligence vierge qui n'est pas affectée par l'illusion de la saisie conceptuelle. La virginité est le silence de l'esprit, le silence du mental. L'Immaculée Conception est alors synonyme en termes du Dharma de *prajñaparamita*, la perfection d'intelligence ou de compréhension.

Le point intéressant est que si, côté chrétien, l'Immaculée Conception, Marie, est Mère de Dieu, côté bouddhiste, la *prajñaparamita* est la Mère de tous les bouddhas. Alors si Dieu et Bouddha ont la même Mère, sont-ils Frères ?

J.-Y.L. : On a tendance à valoriser la mère en oubliant la femme en tant que femme, en tant qu'épouse, en tant que capacité de rencontre qui est aussi sacrée que cet état de virginité, de silence, que cet état de maternité.

En face, il faut se rappeler que l'homme n'est pas seulement un père, pas simplement un petit garçon, mais qu'il a à accéder à l'humanité. Etre femme ou être homme, c'est être entier, c'est célébrer les noces entre le masculin et le féminin, en nous-mêmes.

L.D.T. : A ce sujet je voudrais dire quelques mots sur le tantrisme qui est une vision sexuée de la réalité. On connaît le yin et le yang, féminin et masculin dans le taoïsme. Pareillement dans le tantrisme il y a toujours le féminin et le masculin, l'intelligence et la compassion. Toute la réalité, toute la vie, est envisagée dans une vision dynamique, énergétique de polarités : masculin-féminin, blanc-rouge ; que ce soient la conscience et ses expériences, le corps et sa constitution. Toute expérience habituelle est polaire et cette polarité est une sexuation. C'est de l'union des deux pôles que naît l'Eveil. Bouddha naît de l'union du Père et de la Mère.

La voie est une voie d'union, une voie d'amour dans la réunion des deux pôles, dans la réunion de la dualité. Cette union se vit dans l'expérience de tous les sens et dans une relation homme-femme, dans la sexualité. Vous connaissez sans doute le symbole *yab-youm*, la Déité représentée en union sexuelle, père-mère en union, c'est le symbole de l'Absolu, de la non-dualité, que l'on retrouve dans le tantrisme tibétain et dans le tantrisme indien.

Mais tout ceci n'est pas contradictoire avec la chasteté, puisque au départ c'était la question. Disons simplement que le célibat tel que le vivent les moines est une façon de se consacrer complètement à la voie, et que même dans les approches tantriques la chasteté est une qualité. En termes énergétiques, l'émission de semence, blanche ou rouge, est une déperdition d'énergie subtile qui endommage la clarté de l'esprit.

F.S. : Je voudrais dire quelques mots pour mieux entériner et mieux intégrer toutes ces belles choses qui ont été dites et en même temps mieux comprendre aussi l'ambivalence de notre nature humaine.

En fait, tout dépend de l'esprit à partir duquel les choses sont faites et comme dit le proverbe : « La beauté est dans le regard que l'on porte sur les choses. »

Il y a une manière non spirituelle de traiter la spiritualité : l'émancipation sexuelle, les rencontres sexuelles – je dirais de consommation – ne relèvent pas de ces qualités spirituelles et sacrées ; donc il ne faut pas tomber dans une vision idéaliste mais prendre en compte notre nature et tout le travail nécessaire pour parvenir à une vision sacrée.

Pour préciser cela, je citerai une parole du Prophète : « Dans votre monde il m'a été donné d'aimer les parfums, les femmes et j'ai trouvé la fraîcheur de mes yeux dans la prière. »

Il faut donc faire la différence entre une véritable approche spirituelle, une sincère attitude simplement normale et une attitude qui relève de la psychologie et dont on veut faire une institution. Il convient de concevoir que des personnes préfèrent une attitude de retraite en embrassant la vie monastique ; cela est légitime et parfois nécessaire.

Cheminement spirituel et psychothérapie

L.D.T. : Un cheminement spirituel peut être facilement récupéré par l'ego et par ses névroses, il peut alors contribuer à nourrir l'ego plutôt qu'à le dépasser. C'est l'une des raisons pour lesquelles l'accompagnement d'un guide est nécessaire sur la voie.

Précédemment nous avons discuté de ce que l'on nomme dans la voie du Bouddha les « deux développements » : le développement de vertus et le développement d'immédiateté. Nous avons dit que le premier est la constitution d'un ego harmonieux alors que le second est le dépassement de l'ego et de sa dualité. Ce qui est important maintenant est de voir la nécessité d'un ego harmonieux avant le passage au-delà de l'ego. C'est là, dans l'équilibrage ou l'harmonisation de l'ego, qu'il peut y avoir une plage de recouvrement entre spiritualité et psychothérapie. En effet le développement d'un ego harmonieux est aussi du domaine de la psychothérapie, et il y a une sorte de continuité de l'harmonie dualiste de l'ego à l'harmonie au-delà de la dualité.

Mais cela ne signifie pas qu'il faille entreprendre une psychothérapie avant de commencer une pratique spirituelle. Il est normal qu'au départ d'un cheminement on ait une névrose « normale », une *normose* si vous voulez. La normose est prise en charge par le cheminement spirituel, par sa dynamique et son accompagnement, elle est canalisée par celui-ci, intégrée et y trouve sa solution. Mais il existe aussi de « méchantes » névroses qui sont très fortes et qui provoquent une relation névrotique à l'enseignement et à sa pratique telle que ceux-ci s'en trouvent déviés, pervertis. La frontière entre « normose » et « a-normose », vous le sentez bien, est très floue. Le critère est finalement de savoir si c'est la voie qui intègre la névrose ou si c'est la névrose qui intègre la voie. La névrose intégrant la voie conduit à des approches spirituelles névrotiques, des impasses. Plutôt que de suivre une voie de façon névrotique, il vaut mieux accompagner ou préparer le cheminement spirituel avec un travail psychothérapique. Mais même là, cela ne veut pas dire qu'il faille nécessairement faire une véritable psychothérapie préalable. Tout ce qui est de l'ordre du développement de vertus, c'est-à-dire de la santé spirituelle relative et relationnelle, tout ce qui, dans la voie, structure l'ego sainement, est toujours utile et en général risque peu d'être récupéré ou dévié. Tout cela dépend beaucoup des voies, de leurs méthodes et de leurs accompagnements.

Néanmoins, il est important de préciser qu'une voie spirituelle n'est pas un substitut de psychothérapie et il est clair que nombre de personnes engagées dans un cheminement spirituel feraient bien de suivre une psychothérapie. Et ce n'est pas facile de concilier en même temps voie spirituelle et psychothérapie car il est peu de bons psychothérapeutes qui aient à la fois le respect et l'intelligence d'un cheminement spirituel et qui ne soient pas récupérateurs, prétendant que leur méthode est complète et conduit à l'Eveil.

Au niveau personnel, il est une façon d'évaluer la qualité de son cheminement : si l'on devient moins arrogant, attaché, fermé, égoïste et passionnel et qu'on développe à l'inverse plus de compassion, de bienveillance, d'ouverture et d'humilité, ce sont de bons signes. Dans le cas contraire, ce sont clairement de mauvais signes.

J.-Y.L. : Il ne s'agit pas d'opposer la connaissance de soi et la connaissance du Soi, car la connaissance de soi sans la connaissance du Soi peut conduire au désespoir.

Je pense à une parole très dure de Lacan : « Le signe d'une psychothérapie ou d'une analyse bien réussie, c'est que l'on est conduit au suicide ! » Malheureusement, dans l'entourage de Lacan, ce ne furent pas que des mots...

L'important, c'est que la psychothérapie soit ouverte à une dimension spirituelle, que le *moi* soit ouvert au Soi. A l'inverse, la connaissance du Soi sans la connaissance de soi peut mener à l'inflation, à la mégalomanie. Vous connaissez certainement des personnes qui se prennent pour ce qu'elles ne sont pas, qui se croient arrivées...

Il y a des thérapeutes qui ont l'humilité de reconnaître que les techniques et le chemin qu'ils proposent sont certes nécessaires mais qu'ils ne sont pas tout, et qui proposent un cheminement spirituel.

C'est pour cette raison que les maîtres spirituels inviteront ceux qui veulent s'engager sur une voie spirituelle alors que leur *moi* est ébréché, abîmé, à remettre un peu d'ordre en eux afin d'avoir bien les pieds sur terre avant de regarder le ciel.

C'est aussi ce que disait Jung à propos de l'expérience du Soi : « Il y a beaucoup de personnes qui croient être dans l'expérience du Soi, qui croient avoir dépassé le moi : ils ne l'ont pas dépassé, ils sont à côté. »

Pour dépasser quelque chose, il faut l'assumer. Il faut accepter la forme de la cruche en sachant que le but de la cruche n'est pas sa forme mais l'infini qu'elle contient.

Pour qu'il y ait une véritable entrée sur un chemin spirituel, il faut que ce soit un authentique enseignement, une authentique pratique qui nous rencontre et qui nous recentre. Il y a des enseignements qui nous dispersent davantage et il y a des enseignements qui nous recentrent.

Une vie qui n'a pas de sens est une vie qui n'a pas de centre. Tout le rôle d'un enseignement spirituel est de nous rapprocher du centre, d'apprendre à faire ce que l'on a à faire en étant centré. C'est donc le rôle du thérapeute comme du maître spirituel – que ce soit à travers des techniques, à travers un enseignement – de nous ramener dans notre centre à partir duquel on pourra faire toute chose.

QUESTION : *Quelle différence peut-on faire entre savoir et connaissance ?*

F.S. : Dans le soufisme on fait la distinction suivante : ce qui est acquis par l'étude n'est pas cela qui enseigne un chemin de vie. Le chemin de vie est la Connaissance ; la maturation spirituelle, c'est la connaissance au sens technique.

L.D.T. : Il est souvent fait la distinction entre le savoir qui est un savoir intellectuel et la connaissance qui est une expérience de vie. Dans le Dharma également nous distinguons, d'une part, la *connaissance* ou expérience dualiste qu'il est possible d'écrire *co-naissance* car ses deux termes sujet-objet sont les deux pôles de la dualité et co-naissent ou co-émergent dans la relation qui les pose l'un dans son rapport à l'autre et, d'autre part, l'Intelligence immédiate, non dualiste, qui est l'expérience éveillée. Mais encore une fois il peut y avoir différentes définitions et c'est là une des principales difficultés du dialogue ; souvent, nous n'affectons pas aux mots les mêmes notions ou les mêmes expériences, c'est un aspect de l'illusion des concepts.

F.S. : Dans la connaissance, il y a toujours un aspect de continuité et de discontinuité : le savoir est la connaissance duelle. La pratique provoque une maturation duelle qui est importante. Un jour, quelque chose se produit : la connaissance de ce qui est n'est ni un acte volontaire ni un acte recherché ou provoqué : c'est l'illumination, la Connaissance. Il y a effet de surprise totale.

Personne ne peut dire : « J'ai acquis l'illumination par la pratique... » ou : « J'ai acquis le Royaume des Cieux à la force du poignet... » Il y a alors un état d'extrême étonnement, de bouleversement. On cherche la lumière mais la lumière vient toute seule ; nous retrouvons ainsi cette définition de connaissance non duelle. Je cite volontiers l'exemple de la chambre obscure dans laquelle nous cherchons des traces de lumière et soudain la lumière s'allume. Les prières, la méditation, les pratiques sont une forme de préparation, d'humilité. Il y a un temps où nous devons vivre dans l'obscurité : c'est nécessaire, c'est le temps de la préparation. Il en fut ainsi pour le Bouddha lorsqu'il pratiqua l'ascèse.

L.D.T. : Dans la perspective du Dharma, l'expérience d'Eveil spirituel, entendu qu'il y en a bien des niveaux, peut aussi se dire comme un ravissement. Il s'agit alors d'être ravi à son ego, d'être ravi à soi-même. Un état de ravissement est celui dans lequel la situation présente nous a fait nous oublier complètement, nous a ravis. Ce ravissement de l'ego, cette absence, a pour corollaire un état de participation totale à l'instant, de présence dans l'absence de l'observateur ravi. Remarquons que le ravissement est ravissant au sens où cet état de participation est à la fois beau et heureux. Le ravissement est une expérience de présence d'absence sans temps ni moi.

Nous avons tous plus ou moins connu fugitivement de tels instants de ravissement, de participation, de communion ; il s'agit de les comprendre comme des éclaircies dans nos tendances habituelles, comme de brefs instants de dévoilement, plus ou moins complets ou superficiels, mais néanmoins des instants de dévoilement. Puis, généralement très rapidement, l'écran des voiles, c'est-à-dire des tendances habituelles, revient, reprend le dessus et le ravissement est fini. Il est important d'intégrer ces expériences de ravissement, de participation, comme une source d'inspiration et d'en faire l'apprentissage. Le ravissement authentique est dans l'abandon de l'ego. Les états de ravissement sont ce que la tradition nomme en sanscrit *samadhi*, ce sont des états d'ouverture spirituelle dans lesquels se vit la saveur de l'expérience authentique.

F.S. : Dans ces états, c'est l'être profond qui s'exprime, il y a dualité lorsqu'un *moi* dit que ceci est agréable, que cela est désagréable. Lorsque l'état est vécu par lui-même, il n'y a plus de décision extérieure, il n'y a plus de projection. Lorsque *c'est*, c'est spirituel car conforme à l'être.

L.D.T. : Oui, le *moi* observateur qui juge que c'est agréable ou que c'est désagréable est le début de la dualité. L'état primordial se vit en lui-même, en soi, sur un mode non dualiste...

Echos. Le bonheur après tout !

QUESTION : *Il y a des gens qui sont fondamentalement heureux, comme par une sorte de grâce ; est-ce là une injustice car il existe beaucoup de gens malheureux ?*

L.D.T. : Ce n'est pas une question de justice qui présuppose l'intention d'un juge, bon ou mauvais, mais plutôt une question d'harmonie ou de santé. De fait il existe des personnes en bonne santé et d'autres qui sont malades. Pourtant chacun a la capacité spirituelle de guérir et d'accéder à la santé fondamentale de l'Eveil. C'est la thérapie sacrée.

L'état de connaissance ou d'Eveil est le but ; la qualité de cet état est le bien-être, l'harmonie et la santé. La santé physique est le fonctionnement harmonieux du corps, c'est un état de bien-être corporel, pareillement pour l'esprit. L'état d'Eveil est la libération des illusions, des passions et des souffrances qui en procèdent. La fin de tout mal-être est le bien-être ultime, c'est ce que le Bouddha enseigna comme la troisième Noble Réalité de sa thérapie sacrée : la fin ou l'annihilation de la maladie et du mal-être.

F.S. : C'est une erreur de penser que la voie spirituelle est le chemin du bonheur : il y a des gens heureux sans état spirituel. Etre heureux dans un chemin spirituel est la conséquence d'une connaissance qui apporte une aide ; la libération crée un état de dilatation intérieure non dépendant. J'ai lu quelque part cette phrase d'un enfant qui disait : « Le bonheur, je ne veux pas me lancer là-dedans avant d'avoir tout essayé ! »

Le bonheur est une illusion ; il faut prendre en considération l'importance du tempérament « de base » de chaque individu qui est totalement différent du bonheur dans la recherche spirituelle. Il ne faut pas juger l'intérieur par l'extérieur.

Le maître et le disciple

QUESTION : *Le maître spirituel ou le guide est-il plus qu'un thérapeute ?*

L.D.T. : Tout dépend de ce que l'on met dans le mot « thérapeute ». Il ne faudrait bien sûr pas réduire le guide spirituel à un psychothérapeute et le Dharma, ou une autre voie spirituelle, à une psychothérapie. Maintenant, si l'on comprend la thérapie dans toute son extension comme thérapie sacrée ou thérapie fondamentale, le guide spirituel peut être considéré comme « grand thérapeute ». Le suprême thérapeute est même une épithète du Bouddha.

La relation au thérapeute sacré est au début celle d'un enseignant à un enseigné ; puis cette relation lorsqu'elle s'approfondit devient une relation d'amitié, une relation de cœur à cœur, de communication essentielle. Et puis le thérapeute sacré est un guide, un passeur, un transmetteur, il est aussi le porte-parole et la manifestation de la présence des anciens de la lignée, le lien avec l'origine de l'inspiration, l'influence spirituelle véhiculée par la tradition, il en est la source. Dans sa dimension la plus profonde, la relation devient sacrée, le guide devient un « père-mère » spirituel. Par exemple, le mot *lama* que nous utilisons dans notre tradition a, dans son acception forte, ce sens de « père-mère » : père de compréhension et mère de compassion. Son rôle est celui d'éducateur, de paternité et de maternité spirituels, il accompagne, guide, fait mûrir jusqu'à la réalisation de la santé fondamentale, la présence au-delà des noms et des formes.

J.-Y.L. : Dans la tradition chrétienne, il y a cette parole de Jésus : « N'appelez personne "maître" et personne "père" car vous avez un seul maître et un seul père. »

Ainsi, il s'agira de ne jamais prendre un être relatif pour l'absolu et donc de ne jamais l'idolâtrer. Et pourtant, dans cette tradition il y a des maîtres spirituels et des pères spirituels que l'on appelle des *staretz* en russe, des *guérontes* en grec. Donc, il y a bien des témoins de la paternité de l'être, de ce qui nous engendre, qui nous aident sur ce chemin.

Mais il est vrai que, dans cette tradition, il n'y a pas de maîtres, il n'y a que des disciples, et la difficulté est d'être un bon disciple, d'être capable d'écoute. Et si l'on a développé en soi une véritable écoute, le maître peut prendre différentes formes.

Il y a le maître infini, innommable, le Grand Maître de la vie, le seul maître. Entre le maître invisible et le point où nous en sommes sur le chemin, il y a parfois une manifestation extérieure qui vient nous guider, et le rôle de ce maître extérieur est d'éveiller en nous le maître intérieur, d'éveiller en nous ce qui gardera le lien avec le seul maître de la vie, le maître des oiseaux.

(On entend des chants d'oiseaux.)

Parmi les maîtres qui m'ont guidé sur le chemin où je suis aujourd'hui, les animaux ont été très importants.

Mon premier maître s'appelait Philomène : une chèvre qui était très familière, peut-être trop, et qui, un jour, récita dans mon assiette le chapelet de ses crottes impeccables. Avez-vous vu une crotte de chèvre ? C'est parfait ! Pour moi c'était le premier enseignement sur la forme dans le sans-forme, l'infini dans le fini.

D'ailleurs, l'histoire de la crotte dans les diverses traditions a été imprimée et je ne résiste pas au plaisir de vous la lire ici :

Taoïsme : La crotte apparaît. Hindouisme : Cette crotte est arrivée en premier. Confucianisme : La crotte se manifeste. Bouddhisme : Simplement une illusion de crotte apparaissante. Zen : Quel est le son de la crotte apparaissante ? Islam : Si la crotte apparaît, c'est la volonté d'Allah. Témoins de Jéhova : Toc toc ! La crotte apparaît. Athéisme : Il n'y a rien de tel que la crotte. Agnosticisme : Peut-être que la crotte apparaît, peut-être qu'elle n'apparaît pas. Protestantisme : La crotte n'apparaîtrait pas si je travaillais plus. Catholicisme : Si la crotte apparaît, c'est que je la mérite. Judaïsme : Pourquoi est-ce que la crotte vient plutôt à moi ? Télé-évangélisme : Envoyez de l'argent ou vous allez recevoir la crotte. Blackisme : Merde à toute cette crotte !

Tout cela me rappelle que pour l'athée que j'étais, parfois ce n'est pas une parole humaine qui ouvre le cœur, cela peut être une présence animale, une plante, un arbre ; c'est ainsi que le Grand Maître de la vie se sert d'une forme extérieure pour toucher le cœur.

C'est ainsi que le maître extérieur nous indique le chemin vers le maître intérieur et, dans la tradition chrétienne, on peut parler de la voie de rigueur, celle des maîtres à tendance paternelle, et de la voie de beauté dont les maîtres auront une attitude plus maternelle.

Il est vrai que le père Séraphin, dont j'ai reçu, au mont Athos, la transmission de la tradition de la prière du cœur, a commencé par me traiter d'une manière très dure car il voyait bien que je planais. Par la suite, il est devenu plus doux et plus didactique.

Celui qui fait le lien avec la tradition, qui nous relie à la tradition, maître ou père spirituel, est beaucoup plus que le doigt qui montre la lune. A certains moments, il est le doigt qui nous invite à nous mettre en chemin en nous disant : « Va », c'est-à-dire : « Va où je vais » ; puis à certains autres moments, il n'est pas seulement le doigt mais aussi la main qui nous prend par la main – main dure et à la fois tendre –, qui conduit sur le chemin.

Entre ivresse et sobriété

Les extatiques sont plongés dans la lumière mais ils ne peuvent enseigner. On les nomme les « ravis » ; en fait, ils sont ravis à eux-mêmes et n'ont pas développé une capacité d'absorption, ils sont ravis d'un seul coup et ne sont pas capables de communiquer avec le monde extérieur, le monde ordinaire. Les grands maîtres ont une main qui touche la terre, comme le Bouddha, ce qui leur permet de toucher les autres, d'enseigner. Des gens, dans leur nature, ont davantage la tête dans le ciel que sur terre ; on les appelle parfois les idiots du village... Le fait de rencontrer un ravi peut provoquer dans certains cas un ravissement. Il se produit une interaction.

Mais les maîtres soufis recommandent de ne pas fréquenter les ravis, de ne pas se laisser ravir.

Le vrai maître possède la lumière noire, l'occultation ; sa présence est révélée par cette occultation.

Par la perception du ravi nous sommes subjugués et nous oublions la nécessité d'une éducation spirituelle qui est fondamentale : un travail sur soi, une préparation à l'expérience. Quand on entre dans un lieu sacré, il y a une préparation nécessaire par des rituels qui nous mettent dans la disposition propice à recevoir quelque chose.

Le maître est beaucoup moins subjuguant que certains ravis, moins subjuguant extérieurement car il ne perd pas pied par rapport à la terre avec laquelle il faut savoir garder un lien. Le maître blesse et guérit : il blesse par la blessure de l'amour spirituel, il guérit en nous permettant d'intégrer l'amour. Le maître amène le disciple à être en permanence entre ivresse et sobriété, une ivresse tout intérieure.

Très souvent, je songe à ce moine du mont Athos à qui je demandais de m'enseigner la prière du cœur et qui, après avoir aboyé un certain temps pour me faire comprendre qu'il n'était pas prêt à m'enseigner la prière du cœur parce qu'en fait je n'étais pas prêt à écouter, parce que j'allais m'approprier des mots, des expériences, un jour m'a dit : « Qui suis-je pour être ton maître ? Si tu veux comprendre, fais ce que je fais. »

C'était une invitation à la pratique et c'est pour cette raison que le Christ lui-même ne se présente pas comme un maître et que celui qui veut le suivre, eh bien qu'il vienne à sa suite, qu'il marche, qu'il entre dans la croix qui est cette dimension de verticalité et d'horizontalité, qu'il entre dans cette ouverture à la transcendance, à l'infini qui est aussi l'ouverture aux autres, aux frères.

Le maître est celui qui se trouve sur notre chemin comme témoin du maître infini, du seul qui *est* et qui réveille en nous le maître intérieur. Puis vient un moment où, après cet accompagnement sur le chemin, il nous dit : « Marche tout seul ; je t'ai donné ma main, mes béquilles et maintenant, va plus loin. »

Il y a aussi ce proverbe : « Donnez à quelqu'un qui a faim un poisson et il aura à manger pendant une journée ; donnez-lui une canne à pêche et il aura à manger pour toute sa vie. » Le maître authentique n'est pas celui qui donne un poisson – bien que parfois il le donne parce que nous avons tellement faim –, mais c'est surtout celui qui nous apprend à faire notre propre canne à pêche, à construire nos propres instruments pour entrer en contact avec ce silence, avec cette réalité intérieure, mais ce n'est pas le maître qui ira à la pêche à notre place.

F.S. : Je suis moi-même disciple d'un maître depuis environ vingt ans et j'ai appris auprès de lui ce que pouvait être un maître. D'une certaine façon, je témoigne un peu de son enseignement puisque je rapporte une partie de ce que j'ai pu moi-même en goûter. D'autre part, il est vrai que par un travail plus spécifique sur le soufisme, je peux aider certaines personnes et aussi être aidé par des Anciens. Pour autant, je ne me considère absolument pas comme un maître et ce n'est pas du tout un excès de modestie de ma part, c'est tout simplement la réalité.

Je crois qu'on ne choisit pas de devenir un maître car c'est un choix divin, et il m'a semblé savoir que lorsque des personnes sont réalisées, il leur est très lourd de recevoir cet ordre divin d'enseigner.

Les maîtres sont comme ces prophètes qui reviennent vers le rivage, vers les autres ; dans ce retour existe un mouvement de réalisation descendante comme on l'a déjà évoqué. Selon une tradition du Prophète il est dit : « Celui qui est devenu l'ami de Dieu ne voit plus que par Lui, n'entend plus que par Lui, ne reçoit que par Lui et chaque fois qu'il exprime une volonté, en fait, il exprime la volonté de Dieu. »

Ce sont des gens *anéantis*, annihilés dans la divinité, ils n'agissent plus, ils *sont agis*, et c'est pour cette raison qu'ils sont efficaces.

Si je ne suis pas un maître, je peux cependant apporter un témoignage de cette relation qui se tisse avec un maître et qui est vraiment une relation de cœur à cœur, une relation d'amour et de respect qui sans cesse grandit.

Ordinairement, lorsque des gens se rencontrent et se frottent les uns aux autres, ils ont une vision très grande de leur relation et peu à peu cette vision se rapetisse en fonction des soucis de la vie. Mais dans une relation avec un maître spirituel, c'est exactement l'inverse qui se produit.

Au début, lorsqu'on rencontre un maître, on se dit que cet homme est comme tout le monde et on se demande bien ce qu'il pourra nous apporter. On est étonné du respect dont il est entouré. Puis, au fur et à mesure que s'établit une relation profonde avec lui, naît un véritable amour et cet amour grandit parce qu'il fait grandir en nous la vision de l'Amour.

Dans le soufisme, on pourrait dire qu'il existe différents genres de maîtres. Il y a le maître vraiment réalisé que l'on appelle le « maître vivant », qui appartient à une chaîne initiatique et qui a hérité de la parole perdue, de ce secret divin qui est un levain qui s'introduit en nos cœurs et qui fait son chemin. Ce maître-là pratique vraiment la thérapie sacrée que les soufis appellent « élixir ».

Il y a d'autres voies où la maîtrise est davantage une instruction et, dans la chaîne des maîtres, il s'agit d'un maître qui s'inscrit dans une tradition mais qui n'est pas nécessairement réalisé ; il n'est pas autorisé à transmettre la tradition, la lignée, il peut toutefois transmettre le rituel, une certaine pratique.

On raconte cette histoire de deux maîtres soufis qui se téléphonent et dont l'un demande à l'autre : « Peux-tu m'envoyer quelques-uns de tes disciples ? »

Et l'autre maître lui répond : « Je n'ai pas de disciples, je n'ai que des maîtres. »

Lorsqu'on arrive dans une voie soufie, on se croit vite un maître ; en fait, c'est l'ego qui est le maître, et on a beaucoup de mal à se défaire de cette « maîtrise ».

Et peu à peu, la présence du maître spirituel nous apprend à devenir nous-mêmes et non pas à réaliser des prouesses. Le maître nous apprend à devenir réellement des disciples. Un maître nous apprend à être libres.

J.-Y.L. : Je pense à une autre image qui peut faire le lien entre le thérapeute et celui que l'on reconnaît comme quelqu'un qui peut nous accompagner sur le chemin : c'est l'image de la poule.

Lorsque j'ai demandé à un Ancien : « Qu'est-ce qu'un thérapeute ? », il m'a répondu : « C'est être comme une poule ! » Il s'agit d'écouter quelqu'un comme une poule couve son œuf : la poule ne fait rien, mais qu'elle soit simplement là fait que la coquille va s'ouvrir et le poussin va sortir. Il y a une façon d'écouter quelqu'un qui couve : il s'agit de couver avec son cœur. C'est une dimension que l'on retrouve dans toutes les traditions.

Question : Qu'est-ce qu'un disciple ? Qu'est-ce qu'un maître ?

F.S. : Un maître, c'est celui qui a un cœur, qui couve celui qu'il accompagne. Le maître ne fait rien

– pas toujours –, le maître ne dit rien – pas toujours –, mais écoute avec le cœur et, sans en avoir l'air, l'œuf mûrit et un jour viendra où la coquille sera cassée.

C'est la coquille de l'ego, du petit moi qui sera cassée et notre être véritable pourra naître avec sa véritable parole, et à ce moment-là notre être ailé pourra prendre son envol.

Autour de nous il y a des personnes qui nous ont couvés silencieusement ou par leurs paroles, leur musique ou par leur chant, et c'est peut-être grâce à elles qu'un jour on arrivera à sortir de notre coquille ; à ces personnes je rends hommage.

L.D.T. : Après le thérapeute, qui vient d'être nommé maître, j'aimerais parler du disciple. Qu'est-ce qu'un bon disciple ?

Sa première qualité est l'écoute, la réceptivité. Une image tibétaine le compare à un bol : être disciple, c'est être un réceptacle, comme un bol, mais un bon bol qui ne serait pas retourné car, dans ce cas-là, quoi que l'on verse, il n'en reçoit rien. Il ne serait pas non plus fêlé ou percé car alors il ne garderait rien. Ni non plus souillé, par une motivation impure, un état d'esprit impropre, car alors ce qui est reçu serait empoisonné par ces souillures.

Etre réceptif peut prendre différentes formes depuis l'écoute, l'ouverture du cœur, la confiance et jusqu'à ce que l'on nomme la dévotion, qui est une forme de respect et d'aspiration. C'est la rencontre des qualités et de l'inspiration du guide avec cette réceptivité du disciple qui permet une relation fructueuse.

J.-Y.L. : Demander · « Qu'est-ce qu'un bon disciple ? », c'est comme demander : « Qu'est-ce que c'est que bien aimer ? ». On a toute la vie pour apprendre à aimer et surtout à « bien aimer » !

Ecoute et obéissance proviennent du même verbe latin : *obedire*, qui signifie à la fois « prêter l'oreille » et « être soumis ». Cette obéissance n'est pas obéissance à une loi extérieure, mais une adhésion du cœur à un autre cœur, une adhésion du souffle à un autre souffle. C'est une écoute vivante, une écoute en action.

Et il est vrai que le secret du disciple est le même que celui du maître : écouter et être attentif. C'est un peu comme l'une des feuilles de cet arbre sous lequel nous sommes assis : je me demande si elle a été une bonne disciple... D'abord, elle a écouté la sève, ce qui lui a permis de grandir, de sortir de la branche, de s'épanouir, de devenir elle-même. Et puis, après avoir obéi à la sève, après avoir obéi à l'arbre qui l'a portée, elle a obéi au vent. Au vent qui l'a emportée.

L'obéissance, l'écoute, cela peut être l'écoute à quelqu'un qui est pour nous comme une colonne vertébrale, quelqu'un qui nous redresse, qui nous remet dans notre droiture. Et puis, à un certain moment, cela peut être l'obéissance au réel, à l'unique réel qui prend la forme d'un visage ou d'un enseignement afin de nous guider. C'est quelquefois aussi obéir au vent qui nous sépare de l'arbre, qui nous conduit – où ? là où va le vent.

Mais le disciple ne sait pas toujours où il va. Souvenons-nous de ce que Jésus a dit : « Celui qui est né de l'Esprit, on ne sait ni d'où il vient ni où il va ; comme le vent, tu entends sa voix mais tu ne sais ni d'où il vient ni où il va. »

S'il est vrai qu'au niveau psychique il est important de savoir d'où l'on vient et où l'on va, de quelle famille, de quelle lignée, de quelle tradition l'on vient, au niveau spirituel, au niveau pneumatique, on ne sait plus parce qu'il n'y a plus d'avant ni d'après, il n'y a que l'instant. Alors, à ce moment-là, le disciple est vraiment le fils de l'instant.

L'instant présent est le lieu même de la Présence et il s'agit d'écouter et d'obéir instant après instant.

F.S. : Lorsqu'on dit « être disciple », c'est être disciple de quoi ? Etre disciple, c'est être disciple de la Vérité, de la Réalité, du Divin et un disciple ne doit jamais oublier que c'est pour cette raison qu'il est en recherche. Mais notre nature est oublieuse.

En chemin, on pense à beaucoup de choses, on se distrait. Même ce qu'on a pu apprendre, même les expériences spirituelles nous distraient.

Etre disciple, c'est toujours revenir à cette relation première où aucune prétention n'est possible.

La recherche de la Vérité, la recherche du Divin peut s'accomplir au sein d'une voie ou en dehors d'une voie. Mais sans jamais oublier l'intention première. C'est le sens même des invocations qui sont un constant rappel, en laissant toujours un espace vide pour y accueillir le divin, en sachant que seul Dieu pourra achever l'œuvre.

C'est ainsi qu'au Maroc, les bâtisseurs de *ksours*, splendides architectures en terre, laissaient une poutre dépasser afin de montrer que Dieu seul est complet et qu'ici rien n'est terminé, rien n'est achevé.

Cela me rappelle l'histoire de Nasrudin qui va chercher de l'huile dans un bol. Dans un bol il y a une partie creuse où l'on verse le contenu et, en dessous, il y a un espace qui ne sert à rien si ce n'est à poser le bol. Nasrudin demande au marchand de lui remplir son bol avec de l'huile. Il le fait remplir à ras bord et lorsque le bol est plein, il le retourne et dit au marchand : « Mets-en aussi de l'autre côté. »

C'est à force de vouloir trop en faire, de vouloir être parfait qu'alors plus rien ne va.

Comme dit le taoïsme : « Ce qui est brisé est droit et ce qui est droit brisé. » Le disciple doit essayer de trouver sa droiture dans le fait d'être brisé, sans oublier de laisser en lui un espace pour le divin.

Notre rencontre, notre pèlerinage s'achève. Dans les instants de partage et d'échange que nous avons vécus, il y a toujours eu la présence invisible du maître, du Grand Maître, et cela nous dépasse.

L.D.T. : Pendant quelques instants, silencieusement unis, nous pourrions lui rendre hommage dans la participation à ce qui manque à la parole.

« Le pluralisme des races, des cultures, des coutumes et des religions doit être une source de richesse pour le monde et non une cause de division. »

Sa Sainteté le Dalaï-Lama

Composition Nord Compo
Impression CPI Firmin Didot, juin 2015
Éditions Albin Michel
22, rue Huyghens, 75014 Paris
www.albin-michel.fr

ISBN 978-2-226-15196-4
ISSN 1147-3762
N° d'édition : 14143/05 – N° d'impression : 129261
Dépôt légal : juin 2004
Imprimé en France